人力资源管理研究与实践创新

李 阁 傅文斌 金 迪◎著

中国出版集团 现代出版社

图书在版编目（CIP）数据

人力资源管理研究与实践创新 / 李阁，傅文斌，金
迪著. -- 北京：现代出版社，2023.9
ISBN 978-7-5231-0512-2

Ⅰ．①人… Ⅱ．①李… ②傅… ③金… Ⅲ．①人力资
源管理—研究 Ⅳ．①F243

中国国家版本馆CIP数据核字(2023)第167133号

人力资源管理研究与实践创新

作　　者	李　阁　傅文斌　金　迪	
责任编辑	刘　刚	
出版发行	现代出版社	
地　　址	北京市朝阳区安外安华里504号	
邮　　编	100011	
电　　话	010-64267325　64245264(传真)	
网　　址	www.1980xd.com	
电子邮箱	xiandai@cnpitc.com.cn	
印　　刷	北京四海锦诚印刷技术有限公司	
版　　次	2023年9月第1版　2023年9月第1次印刷	
开　　本	185 mm×260 mm　1/16	
印　　张	11.75	
字　　数	270千字	
书　　号	ISBN 978-7-5231-0512-2	
定　　价	68.00元	

前　言

　　处于当前经济全球化和知识经济时代的背景下，企业面临诸多机遇、风险和挑战，培育独特的核心竞争力是企业在复杂经济环境中生存与发展的关键。大量学术研究和管理实践证明，组织和人力资源管理已日益成为企业构筑独特核心竞争力的重要途径。

　　随着经济模式的不断更新，社会正在进入一个以智力资源的占有配置与知识的生产分配使用为生存手段的经济时代。随着这个新的经济时代的兴起，人力资源管理的创新对企业的发展起到了举足轻重的作用。而人力资源是企业经营发展的核心，现代企业的竞争，归根结底是人才的竞争，也就是人才开发水平的竞争。企业的发展很大程度上依靠高素质的员工来实现，因而，人力资源开发与企业其他的工作环节相比，更为重要，也更有挑战性。一方面，人力资源的创新要正确学习、借鉴、运用先进企业的经验，还要注重树立人才成本观念，既要注重投资回报，又要考虑人才投入的长远效应，不能为了节省成本而忽视对人才的引进、培养和使用；另一方面，要建立积极的人才培养模式，重视对员工的培训，建立完善的培训制度。

　　本书是人力资源管理研究与实践创新方向的著作，本书从对人力资源管理的介绍入手，针对人力资源概述、人力资源管理概述、人力资源规划进行了分析研究；另外，对员工招聘、培训与开发、员工激励与绩效管理、薪酬管理、职业生涯与劳动关系管理做了一定的介绍；还剖析了人力资源管理创新等内容，旨在摸索出一条适合人力资源管理的科学道路，帮助其工作者在应用中少走弯路，运用科学的方法，提高管理效率。本书对人力资源管理研究与实践创新有一定的借鉴意义。

目 录

第一章 人力资源管理

第一节 人力资源概述

一、人力资源的含义

(一) 资源

按照逻辑从属关系，人力资源属于资源（resource）这一大的范畴，是资源的一种具体形式。因此，在解释人力资源的含义之前，有必要先对资源进行简要的说明。

资源是人类赖以生存的物质基础，从不同的角度来看有不同的解释。从经济学的角度来看，资源是指能给人们带来新的使用价值和价值的客观存在物，泛指社会财富的源泉。自人类出现以来，财富的来源无外乎两类：一类是来自自然界的物质，可以称为自然资源，如森林、矿藏、河流、草地等；另一类就是来自人类自身的知识和体力，可以称为人力资源。在相当长的时期里，自然资源一直是财富形成的主要来源，但是随着科学技术的突飞猛进，人力资源对财富形成的贡献越来越大，并逐渐占据了主导地位。

从财富创造的角度来看，资源是指为了创造物质财富而投入生产过程的一切要素。土地、劳动、资本是构成资源的三要素。随着社会的发展，信息技术的应用越来越广泛，其作用也越来越大，现在很多经济学家认为生产要素中还应该再加上信息。目前，伴随着知识经济的兴起，知识在价值创造中的作用日益凸显，因此也有人认为应当把知识作为一种生产要素单独加以看待。

(二) 人力资源

人力资源是指那些体能、技能、智能健全，能以各种有益于社会的脑力劳动和体力劳动创造财富，从而推动经济社会发展的人的总和。

二、人力资源的数量和质量

作为一种资源，人力资源同样也具有量的规定性和质的规定性。由于人力资源是依附于人的劳动能力，和劳动者密不可分，因此可以用劳动者的数量和质量来反映人力资源的数量和质量。

（一）人力资源的数量

1. 人力资源数量的计量

对企业而言，人力资源的数量一般来说就是其员工的数量。

对国家而言，人力资源的数量可以从现实人力资源数量和潜在人力资源数量两个方面来计量。潜在人力资源的数量，可依据一个国家具有劳动能力的人口数量加以计量。为此，各国都根据其国情对人口进行劳动年龄的划分，我国现行的劳动年龄规定是：男性16~60岁，女性16~55岁。在劳动年龄上下限之间的人口称为"劳动适龄人口"。小于劳动年龄下限的人口称为"未成年人口"，大于劳动年龄上限的人口称为"老年人口"，一般认为这两类人口不具有劳动能力。

但是在现实中，劳动适龄人口内部存在一些丧失劳动能力的病残人口。此外，还存在一些因为各种原因暂时不能参加社会劳动的人口，如在校就读的学生。在劳动适龄人口之外，也存在一些具有劳动能力、正在从事社会劳动的人口，如我们经常看到的退休返聘人员。在计量人力资源时，对上述两种情况都应当加以考虑，这也是划分现实人力资源与潜在人力资源的依据。

按照上述思路，可以对我国的人口构成进行以下划分。

①处于劳动能力之内、正在从事社会劳动的人口，它占据人力资源的大部分，可称为"适龄就业人口"。

②尚未达到劳动年龄、已经从事社会劳动的人口，可称为"未成年就业人口"。

③已经超过劳动年龄、继续从事社会劳动的人口，可称为"老年劳动者"或"老年就业者"。

以上三部分构成就业人口的总体，以往被称为"劳动力人口"。

④处于劳动年龄之内、具有劳动能力并要求参加社会劳动的人口，这部分可称为"待业人口"，它与前三部分一起构成经济活动人口，可称为现实人力资源。

⑤处于劳动年龄之内、正在从事学习的人口，即"求学人口"。

⑥处于劳动年龄之内、正在从事家务劳动的人口。

⑦处于劳动年龄之内、正在军队服役的人口。

⑧处于劳动年龄之内的其他人口。

2. 影响人力资源数量的因素

由上面的分析可以看出，人力资源的数量受到很多因素的影响，概括起来主要有以下两个方面。

（1）人口的总量

人力资源属于人口的一部分，因此人口的总量会影响到人力资源的数量。人口的总量由人口基数和自然增长率两个因素决定，自然增长率又取决于出生率和死亡率，用公式表示如下：

$$人口总量 = 人口基数 \times [1 + （出生率 - 死亡率）]$$

（2）人口的年龄结构

人口的年龄结构也会对人力资源的数量产生影响，相同的人口总量下，不同的年龄结构会使人力资源的数量有所不同。劳动适龄人口在人口总量中所占的比重比较大时，人力资源的数量相对会比较多；相反，人力资源的数量相对会比较少。

（二）人力资源的质量

人力资源是人所具有的智力和体力的总和，因此劳动者的素质就直接决定了人力资源的质量。人力资源质量的最直观表现，是人力资源或劳动要素的体质水平、文化水平、专业技术水平心理素质水平以及道德情操水平等。此外，也可以用每百万人口中接受高等教育的人数、小学教育普及率、中学教育普及率、专业人员占全体劳动者比重等经济社会统计常用指标来表示。

劳动者的素质由体能素质和智能素质构成。就劳动者的体能素质而言，又有先天的体质和后天的体质之分；智能素质包括经验知识和科技知识两个方面，而科技知识又可分为通用知识和专业知识两个部分，此外，劳动者的积极性和心理素质是劳动者发挥其体力和脑力的重要条件。

与人力资源的数量相比，其质量方面更重要。人力资源的数量能反映出可以推动物质资源的人的规模，人力资源的质量则反映可以推动哪种类型、哪种复杂程度和多大数量的物质资源。一般来说，复杂的劳动只能由高质量的人力资源来从事，简单的劳动则可以由低质量的人力资源来从事。经济越发展，技术越先进，对人力资源的质量要求越高，现代化的生产体系要求人力资源具有极高的质量水平。

三、人力资源与相关概念

（一）人力资源和人口资源、人才资源

人口资源是指一个国家或地区所拥有的人口总量。它是一个最基本的资源，一切人力资源、人才资源皆产生于这个最基本的资源中，主要表现为人口的数量。

人才资源是指一个国家或地区中具有较多科学知识、较强劳动技能，在价值创造过程中起关键或重要作用的那部分人。人才资源是人力资源的一部分，即优质的人力资源。

应当说，人力资源、人口资源和人才资源这三个概念的本质有所不同，人口资源和人才资源的本质是人，而人力资源的本质则是智力和体力，从本质上来讲它们之间并没有什么可比性。就人口资源和人才资源来说，它们关注的重点也不同，人口资源更多的是一种数量概念，而人才资源更多的是一种质量概念。

在数量上，人口资源是最多的，它是人力资源形成的数量基础，人口资源中具备一定智力资本和体能的那部分才是人力资源；而人才资源又是人力资源的一部分，是人力资源中质量较高的那部分，是具有特殊智力资本和体能的人力资源，也是数量最少的一部分。

在比例上，人才资源是最小的，它是从人力资源中产生的；而人力资源又是从人口资源中产生的。

（二）人力资源和人力资本

"人力资源"和"人力资本"也是容易混淆的两个概念，很多人甚至将它们通用，其实这两个概念是有一定区别的。

1. 资本和人力资本

"资本"一词，语义上有三种解释：一是指掌握在资本家手里的生产资料和用来雇佣工人的货币；二是指经营工商业的本钱；三是喻指牟取利益的凭借。马克思则认为，资本是指那些能带来剩余价值的价值。

对于人力资本（human capital）的含义，被称为"人力资本之父"的西奥多·舒尔茨认为，人力资本是劳动者身上所具备的两种能力，一种能力是通过先天遗传获得的，是由个人与生俱来的基因决定的；另一种能力是后天获得的，由个人经过努力学习而形成，而读、写能力是任何民族人口的人力资本质量的关键成分。人力资本这种体现在具有劳动能力（现实或潜在）的人身上的、以劳动者数量和质量（即知识、技能、经验、体质与健康）表示的资本，是需要通过投资才能获得的。

2. 人力资源和人力资本的关系

人力资源和人力资本是既有联系又有区别的两个概念。

应该说，人力资源和人力资本都是以人为基础而产生的概念，研究的对象都是人所具有的脑力和体力，从这一点看两者是一致的。而且，现代人力资源理论大都是以人力资本理论为根据的，人力资本理论是人力资源理论的重点内容和基础部分，人力资源经济活动及其收益的核算是基于人力资本理论进行的，两者都是在研究人力作为生产要素在经济增长和经济发展中的重要作用时产生的。

虽然这两个概念有着紧密的联系，但它们之间存在一定的区别。

首先，在与社会财富和社会价值的关系上，两者是不同的。人力资本是由投资形成的，强调以某种代价获得的能力或技能的价值，投资的代价可在提高生产力的过程中以更大的收益收回。因此劳动者将自己拥有的脑力和体力投入生产过程中参与价值创造，就要据此来获取相应的劳动报酬和经济利益。它与社会价值的关系应当说是一种由因索果的关系。而人力资源则不同，作为一种资源，劳动者拥有的脑力和体力对价值的创造起了重要的贡献作用。人力资源强调人力作为生产要素在生产过程中的生产、创造能力，它在生产过程中可以创造产品、创造财富，促进经济发展。它与社会价值的关系应当说是一种由果溯因的关系。

其次，两者研究问题的角度和关注的重点也不同。人力资本是通过投资形成的存在于人体中的资本形式，是形成人的脑力和体力的物质资本在人身上的价值凝结，是从成本收益的角度来研究人在经济增长中的作用。它强调投资付出的代价及其收回，考虑投资成本带来多少价值，研究的是价值增值的速度和幅度，关注的重点是收益问题，即投资能否带来收益以及带来多少收益的问题。人力资源则不同，它将人作为财富的来源来看待，是从投入产出的角度来研究人对经济发展的作用，关注的重点是产出问题，即人力资源对经济发展的贡献有多大，对经济发展的推动力有多强。

最后，人力资源和人力资本的计量形式不同。众所周知，资源是存量的概念，而资本则兼有存量和流量的概念，人力资源和人力资本也同样如此。人力资源是指一定时间、一定空间内人所具有的对价值创造起贡献作用并且能被组织所利用的体力和脑力的总和。而人力资本，如果从生产活动的角度看，往往是与流量核算相联系的，表现为经验的不断积累、技能的不断增进、产出量的不断变化和体能的不断损耗；如果从投资活动的角度看，又与存量核算相联系，表现为投入教育培训、迁移和健康等方面的资本在人身上的凝结。

四、人力资源的特点

1. 主观能动性

主观能动性是指人力资源体力和智力的融合不仅具有主动性，而且还具有不断拓展的潜力。主观能动性表明人具有意识，知道活动的目的，因此可以有效地对自身活动作出选择，另外也表明人在各种活动中处于主体地位，可以支配其他一切资源。此外，人力资源的主观能动性还表明它具有自我开发性。在生产过程中，人一方面要发生自身损耗，另一方面则通过自身的合理行为，使自身的损耗得到弥补、更新和发展，其他资源则没有这种特性。最后，人力资源在各种活动中是可以被激励的，也就是说可通过提高人的劳动能力和劳动动机来提高劳动效率。

2. 时效性

人力资源的时效性是指人力资源要在一定的时间段内开发，超过这一时期就会荒废和退化。人具有生产劳动的能力，但是随着年龄的增长和环境的变化，这种能力就会随之发生变化。人在每个年龄段的工作能力都会有所差异，不及时使用和开发就会失去其固有的作用和能力。人的生命是有限的，劳动技能会发生衰退，智力、知识和思维也会发生转变。

3. 增值性

与自然资源相比，人力资源具有明显的增值性。一般来说，自然资源是不会增值的，只会因为不断地消耗而逐渐"贬值"。人力资源则不同，人力资源是人所具有的脑力和体力，对个人来说，他的体力不会因为使用而消失，只会因为使用而不断增强，当然这种增强是有一个限度的；他的知识、经验和技能也不会因为使用而消失，相反会因为不断地使用而更有价值。也就是说，在一定的范围内，人力资源是不断增值的，创造的价值会越来越多。

4. 两重性

人力资源既是投资的结果，又能创造财富，具有既是生产者又是消费者的两重性。人力资源投资的程度决定了人力资源的质量。研究表明，对人力资源的投资，无论是对社会还是对个人所带来的收益，要远远大于对其他资源的投资所产生的收益。

5. 社会性

自然资源具有完全的自然属性，不会因为所处的时代、社会不同而有所变化，比如，古代的黄金和现代的黄金是一样的，中国的黄金和南非的黄金也没有什么本质的区别。人力资源则不同，人所具有的体力和脑力明显受到时代和社会因素的影响，从而具有社会属性。

五、人力资源的作用

1. 人力资源是财富形成的关键要素

人力资源构成社会经济运动的基本前提。从宏观的角度看，人力资源不仅在经济管理中必不可少，而且是组合、运用其他各种资源的主体。也就是说，人力资源是能推动和促进各种资源实现配置的特殊资源。因此，人力资源成了最重要和最宝贵的资源。它不仅与自然资源一起构成了财富的源泉，而且在财富的形成过程中发挥着关键作用。

社会财富由对人类的物质生活和文化生活具有使用价值的产品构成，因此自然资源不能直接形成财富，还必须有一个转化的过程，人力资源在这个转化过程中起到了重要的作用。人们将自己的脑力和体力通过各种方式转移到自然资源上，改变了自然资源的状态，使自然资源转变为各种形式的社会财富，在这一过程中，人力资源的价值也得以转移和体现。应该说，没有人力资源的作用，社会财富就无法形成。

2. 人力资源是经济发展的主要力量

人力资源不仅决定着财富的形成，而且是推动经济发展的主要力量。随着科学技术的不断发展，知识技能的不断提高，人力资源对价值创造的贡献度越来越大，社会经济发展对人力资源的依赖程度也越来越深。

3. 人力资源是企业的首要资源

在现代社会中，企业是构成社会经济系统的细胞单元，是社会经济活动中最基本的经济单位，是价值创造最主要的组织形式。企业的出现，是生产力发展的结果，而它反过来又极大地提高了生产力的水平。

通过以上分析可以得知，无论是对社会还是对企业而言，人力资源都发挥着极其重要的作用，因此我们必须重视，创造各种有利的条件以保证其作用的充分发挥，从而实现财富的不断增加、经济的不断发展和企业的不断壮大。

第二节　人力资源管理概述

一、人力资源管理的概念与特点

（一）人力资源管理的概念

人力资源管理是对人力资源的获取、使用、保持、开发、评价与激励等方面进行的全过程管理活动，通过协调人与事的关系，处理人与人的矛盾，充分发挥人的潜能，使人尽其才、物尽其用、人事相宜，从而使人力资源价值充分发挥，以实现组织的目标和个人的需要。对人力资源管理的概念可进行如下进一步的理解：

①人力资源管理包括对人力资源进行量的管理和质的管理两个方面。一方面，通过获取与整合，满足组织对人员数量的要求；另一方面，通过对人的思想、心理和行为进行有效管理，充分发挥人的主观能动性，以达到组织目标。

②人力资源管理要做到人事相宜。即根据人力和物力及其变化，对人力资源进行招聘、培训、组织和协调，使两者经常保持最佳比例和有机结合，使人和物都发挥出最佳效益。

③人力资源管理的基本职能包括获取、整合、激励、调控和开发，通过这一过程完成求才、用才、育才、激才、护才、留才的整个管理过程，这也是人力资源管理的六大基本任务。

（二）人力资源管理的特点

人力资源管理是一门科学，它具有以下几个特点：

1. 人力资源管理是一门综合性的科学

人力资源管理的主要目的是指导管理实践活动，而当代的人力资源管理活动影响因素较多，内容复杂，仅掌握一门知识是不够的。它综合了经济学、社会学、人类学、心理学、统计学、管理学等多个学科，涉及经济、政治、文化、组织、心理、生理、民族、地缘等多种因素。只有综合性的人力资源管理措施才能实现一个企业或组织健康、持久的发展。

2. 人力资源管理是一门实践性很强的科学

人力资源管理是通过对众多的管理实践活动进行深入的分析、探讨、总结，并在此基础上形成理论的科学，而产生的理论直接为管理实践活动提供指导，并且接受实践的检验。

3. 人力资源管理是具有社会性的科学

人力资源管理是一门具有社会性的科学，其内容和特点受社会文化、历史、制度、民族等社会因素的影响。所以，对人力资源进行管理，必须考虑到人力资源所处的社会环境。不同社会环境中的人力资源管理活动有着不同的规律，形成的管理理论也有其自身的特殊性。

4.人力资源管理是具有发展性的科学

人力资源管理处于不断发展完善的过程当中，有些内容还要进行修改，还需要不断深入的认识过程，使之能更有效地指导实践。人力资源管理的发展到目前为止经历了手工业制造、科学管理理论、人际关系运动、行为科学和学习型组织这五个阶段。

二、人力资源管理的基本职能

人力资源管理的基本职能有以下五个方面。

1.获取

人力资源管理根据组织目标确定所需的人员条件，通过规划、招聘、考试、测评、选拔，获取组织所需的人力资源。获取是人力资源管理工作的第一步，是后面四种职能得以实现的基础。主要包括人力资源规划、职务分析、员工招聘和录用。

2.整合

整合是被招收的员工了解企业的宗旨和价值观，使之内化为他们自己的价值观。通过企业文化、信息沟通、人际关系和谐、矛盾冲突的化解等有效整合，使企业内部的个体目标、行为、态度趋向企业的要求和理念，使之形成高度的合作和协调，发挥集体优势，提高企业的生产力和效益。

3.激励

激励是指给予为组织作出贡献的员工奖酬的过程，是人力资源管理的核心。根据对员工工作绩效进行考评的结果，公平地向员工提供与他们各自的贡献相称的合理的工资、奖励和福利。设置这项基本职能的根本目的在于增强员工的满意感，提高其劳动积极性和劳动生产率，进而提高组织的绩效。

4.调控

这是对员工实施合理、公平的动态管理的过程，是人力资源管理的控制与调整职能。具体包括：

①科学、合理的员工绩效考评与素质评估。

②以考绩与评估结果为依据，对员工采用动态管理，如晋升、调动、奖惩、离退、解雇等。

5.开发

这是人力资源开发与管理的重要职能。人力资源开发是指对组织内员工素质与技能的培养与提高，是提高员工能力的重要手段。它包括组织和个人开发计划的制订、新员工的工作引导和业务培训、员工职业生涯的设计、继续教育、员工的有效使用及工作丰富化等。

三、人力资源管理的目标与意义

（一）人力资源管理的目标

人力资源管理目标是指企业人力资源管理需要完成的职责和需要达到的绩效。人力资源管理既要考虑组织目标的实现，又要考虑员工个人的发展，强调在实现组织目标的同时实现个人的全面发展。

1. 改善工作生活质量，满足员工需要

工作生活质量可以被描述为一系列的组织条件和员工工作后产生的安全感、满意度及自我成就感的综合。良好的工作生活质量能使工作中的员工产生生理和心理健康的感觉，从而有效地提高工作效率。

2. 提高劳动生产率，获得理想的经济效益

劳动生产率、工作生活质量和企业经济效益三者之间存在着密切的联系。从人力资源管理的角度讲，提高劳动生产率是要让人们更加高效而不是更加辛苦地工作。人力资源管理能有效地提高和改善员工的生活质量，为员工提供良好的工作环境，以此降低员工流动率。通过培训等方法，实现人力资源的精干和高效，提高潜在的劳动生产率，从而获得理想的经济效益。

3. 培养全面发展的人才，获取竞争优势

随着经济全球化和知识经济时代的到来，人力资源日益成为企业竞争优势的基础，大家都把培养高素质的、全面发展的人才当作首要任务。通过对人力资源的教育与培训、文化塑造，可以有效地提高人力资源核心能力的价值，获取竞争优势。

（二）人力资源管理的意义

随着知识经济时代的到来，人在组织发展和提高竞争力方面的作用也越来越重要，因而人力资源管理的意义就凸显出来，具体表现如下。

1. 有利于促进生产经营的顺利进行

企业拥有三大资源，即人力资源、物质资源和财力资源，而物质资源和财力资源的利用是通过与人力资源的结合实现的，即人力资源是企业劳动生产力的重要组成部分。只有

通过合理组织劳动力，不断协调劳动对象之间的关系，才能充分利用现有的生产资料和劳动力资源，使它们在生产经营过程中最大限度地发挥其作用，形成最优的配置，保证生产经营活动顺利进行。

2. 有利于调动企业员工的积极性，提高劳动生产率

企业必须善于处理好物质奖励、行为激励及思想教育工作三个方面的关系，使企业员工始终保持旺盛的工作热情，充分发挥自己的专长，努力学习技术和钻研业务，不断改进工作，从而达到提高劳动生产率的目的。

3. 有利于减少不必要的劳动耗费

经济效益是指经济活动中的成本与收益的比较。减少劳动耗费的过程，就是提高经济效益的过程。所以，合理组织劳动力，科学配置人力资源，可以促使企业以最小的劳动消耗取得最大的经济成果。

4. 有利于企业实现科学管理

科学而规范的企业管理制度是现代企业良性运转的重要保证，而人力资源的管理又是企业管理中最为关键的部分。如果一个企业缺乏优秀的管理者和优秀的员工，企业即使拥有再先进的设备和技术，也无法发挥作用。因此，通过有效的人力资源管理，加强对企业人力资源的开发和利用，做好员工的培训教育工作，是企业实现科学管理和现代管理的重要环节。

5. 有利于建立和加强企业文化建设

企业文化是企业发展的凝聚剂和催化剂，对员工具有导向、凝聚和激励作用。优秀的企业文化可以增进企业员工的团结和友爱，减少教育和培训经费，降低管理成本和运营风险，并最终使企业获得巨额利润。

四、现代人力资源管理与传统人事管理的区别

1. 产生的时代背景不同

人事管理起源于第一次世界大战期间，是随着社会工业化的出现与发展应运而生的。而人力资源管理是在社会工业化迅猛发展，科学技术高度发达，人文精神日益高涨，竞争与合作不断加强，特别是社会经济有了质的飞跃的历史条件下产生和发展起来的。

2. 对人的认识不同

传统人事管理将人视为等同于物质资源的成本，将人的劳动看作一种在组织生产过程中的消耗，把人当作一种工具，注重的是投入使用和控制。即人事管理主要关注如何降低

人力成本，正确地选拔人，提高人员的使用效率和生产效率，避免人力成本的增加。

而人力资源管理把人视为组织的第一资源，将人看作"资本"。这种资本通过有效的管理和开发可以创造更高的价值，它能为组织带来长期的利益。因此，现代人力资源管理更注重对人力的保护和开发。

3. 基本职能不同

传统人事管理基本上属于行政事务性的工作，其职能是具体的、技术性的事务管理职能，活动范围有限，短期导向，主要由人事部门职工执行，很少涉及企业高层战略决策。而人力资源管理的职能具有较强的系统性、战略性和时间的长远性。为实现组织的目标，建立一个人力资源规划、开发、利用与管理的系统，可以提高组织的竞争能力。因而，现代人力资源管理与传统人事管理的最根本区别在于，现代人力资源管理具有主动性、战略性、整体性和未来性，更适合当今全球经济一体化的组织管理模式与发展趋势。

五、人力资源管理的基本内容体系

人力资源管理是指企业的一系列人力资源政策及相应的管理活动。这些活动主要包括企业人力资源战略的制定，员工的招募与选拔，培训与开发，绩效管理，薪酬管理，员工流动管理，员工关系管理，员工安全与健康管理等。即企业运用现代管理方法，对人力资源的获取（选人）、开发（育人）、保留（留人）和使用（用人）等方面所进行的计划、组织、指挥、控制和协调等一系列活动，最终达到企业发展目标的一种管理行为。人力资源管理基本内容包括以下几个方面。

1. 人力资源战略与规划

把企业人力资源战略转化为中长期目标、计划和政策措施，包括对人力资源现状分析、未来人员供需预测与平衡，确保企业在需要时能获得所需要的人力资源（包括数量和质量两个方面）。

2. 工作分析与设计

对企业各个工作职位的性质、结构、责任、流程以及胜任该职位工作人员的素质、知识、技能等，在调查分析所获取相关信息的基础上，编写出职务说明书和岗位规范等人事管理文件。工作分析是人力资源各项工作的基础，工作分析的信息被用来规划和协调几乎所有的人力资源活动。

3. 员工招聘与录用

根据人力资源规划和工作分析的要求，为企业招聘、选拔所需要的人力资源并录用、安排到一定岗位上。

4. 员工培训与开发

通过培训提高员工个人、群体和整个企业的知识、能力、工作态度和工作绩效，进一步开发员工的智力潜能，以增强人力资源的贡献率，改善组织的绩效。

5. 绩效管理

对员工在一定时间内对企业的贡献和工作中取得的绩效进行考核和评价，及时作出反馈，以便提高和改善员工的工作绩效，并为员工培训、晋升、提薪等决策提供依据。

6. 薪酬管理

包括对基本薪酬、绩效薪酬、奖金、津贴及福利等薪酬结构的设计与管理，以激励员工更加努力地为企业工作。

7. 劳动关系管理

协调和改善企业与员工之间的劳动关系，进行企业文化建设，营造和谐的劳动关系和良好的工作氛围，保障企业经营活动的正常开展。

8. 国际人力资源管理

21世纪的企业将面向全球经营与竞争，要获得其竞争优势，企业的人力资源管理工作也必须面对全球化，即在跨国经营环境下，掌握跨国文化下企业的人力资源管理问题，掌握影响国际人力资源的环境因素及国际企业人力资源开发与管理的过程。

9. 人力资源研究

企业要实现战略目标，管理者必须重视对人力资源管理工作的研究，即通过对企业人力资源管理者诸环节的运行、实施的实际状况、制度建设和管理效果进行调查评估，分析和查找企业人力资源管理工作的性质、特点和存在的问题，提出合理化的改革方案，使员工的积极性和创造性被充分调动起来。

第三节　人力资源规划

一、人力资源规划概述

（一）人力资源规划的含义

人力资源规划（Human Resource Planning，HRP）又称人力资源计划，是指在组织发展战略和经营规划的指导下，预测和分析员工的供需平衡，以满足组织在不同发展阶段对员工的需求，为组织的发展提供符合质量和数量要求的人力资源保证。简单来说，人力资源规划是对组织在某个时期内的员工供给与需求进行预测，并根据预测的结果采取相应的措施来平衡人力资源的供需。

（二）人力资源规划的作用

人力资源规划是连接公司组织战略和人力资源管理具体措施的纽带，具有承上启下的作用。具体来讲，人力资源规划有以下四项突出功能。

1. 是公司组织战略目标实现的保障

人力资源规划是公司组织的战略目标在人力资源供需（包括数量、质量和结构）等方面的分解，与公司组织在其他方面的规划，如生产计划、营销计划、财务计划等共同构成公司组织目标体系。

2. 是公司组织人力资源管理的基础

人力资源规划规定了公司组织在人力资源管理方面的具体行动方案，是公司组织人力资源管理的基础。人力资源规划的各项业务计划为工作分析提供依据，是员工配置的基础，引导公司组织有针对性地进行人员储备，对公司组织急需的人才发出引进和培训预警，为员工职业发展道路的设计提供依据。

3. 有助于调动员工的积极性

在人力资源规划制定与实施的过程中，员工可以看到公司组织的发展远景和自己的发展前景，可以据此设计自己的职业生涯，确立职业发展方向，从而有助于调动员工的积极性。

4. 是公司组织人工成本控制的手段

随着公司组织的不断成长和壮大，人工成本必定也不断变化。通过人力资源规划，预测和控制公司组织人员的变化，逐步调整公司组织人员的结构，使之尽可能合理化，就可以把人工成本控制在一个合理的水平上。

（三）人力资源规划的内容

人力资源规划有狭义与广义之分。狭义的人力资源规划，是指组织从战略规划和发展目标出发，根据其内外环境的变化，预测组织未来发展对人力资源的需求，以及为满足这种需求所提供的人力资源的活动过程。简单地说，狭义的人力资源规划即进行人力资源供需预测并使之平衡的过程，实质上是组织各类人员的补充规划。广义的人力资源规划是组织所有人员资源计划的总称。

人力资源规划包含两个层次的内容：总体规划与各项业务计划。人力资源总体规划是对有关计划期内人力资源开发利用的总目标、总政策、实施步骤和总预算的安排。人力资源规划所属的业务计划则包括人员补充计划、人员使用计划、提升与降职计划、教育培训计划、薪资计划、劳动关系计划、退休解聘计划等。

（四）人力资源规划的类别

按照规划涉及的时间长短，人力资源规划可分为长期规划、中期规划和短期规划三种。

长期规划指时间跨度为 5~10 年或以上的具有战略意义的规划，它为组织人力资源的发展和使用状况指明了方向、目标和基本政策。长期规划的制定需要对内外环境的变化进行有效的预测，才能对组织的发展起到指导性的作用。长期规划比较抽象，可能随内外环境的变化而发生变化。

中期规划的时间跨度一般为 1~5 年，其目标、任务的明确与清晰程度介于长期和短期两种规划之间。

短期规划的时间跨度一般为 1 年左右。与长期规划相比，短期规划对各项人事活动要求明确，任务具体，目标清晰。

规模较小的组织不适于拟定详细的人力资源规划，因为其规模小，各种内外环境对其影响大，规划的准确性差，制定的人力资源规划的指导作用也就难以体现。另外，规模较小的组织的规划成本较高。

（五）人力资源规划的原则

在制定人力资源规划时，要注意以下三个基本原则。

1. 应充分考虑内外部环境的变化

人力资源规划只有充分地考虑内外环境的变化，才能适应需要，真正地做到为组织目标服务。内部变化主要是指销售的变化、开发的变化、组织发展战略的变化、公司员工流动的变化等；外部变化指社会消费市场的变化、政府有关人力资源政策的变化、人才市场供需矛盾的变化等。

2. 要确保组织的人力资源保障

组织的人力资源保障问题是人力资源规划中应解决的核心问题。它包括人员的流入预测、人员的流出预测、人员的内部流动预测、社会人力资源需求和供给状况分析、人员流动的损益分析等。只有有效地保证对组织的人力资源供给，才可能进行更深层次的人力资源开发与管理。

3. 使组织和员工都得到长期利益

人力资源规划不仅是面向组织的规划，也是面向员工的规划。组织的发展和员工的发展是互相依托、互相促进的关系。如果只考虑组织的发展需要而忽视了员工的发展需要，则会有损组织发展目标的达成。

二、人力资源需求预测

（一）人力资源需求预测分析

人力资源需求预测是指对企业未来某一特定时期内所需人力资源的数量、质量及结构进行估计。企业的人力资源需求是一种引致需求，它最终取决于市场对企业产品和服务的需求。因此在进行人力资源需求预测之前，先要预测企业产品或服务的需求，然后再在一定的技术和管理条件下，将这一预测转换为满足需求所需的员工数量和质量预测。人力资源需求预测需要对下列因素进行分析。

1. 产品和需求预测

产品和需求预测通常是从行业和企业两个层次对市场需求进行预测。从行业角度看，不同行业的产品侧重于满足消费者不同方面的需求，它受到消费者人数、消费者的偏好、收入水平、价格水平以及政治、经济、社会、技术等直接和间接、长期与短期因素的影响。因此行业需求既有长期的稳定趋势也有短期的波动现象。市场对个别企业产品和服务的需求决定了其在整个行业中的市场份额，主要取决于企业与竞争对手在产品质量、成本价格、品牌信誉、促销努力等多个方面的差距。

一般地，在生产技术和管理水平不变的条件下，企业产品需求与人力资源需求呈正相关关系，当企业产品和服务需求增加时，企业内设置的职位和聘用的人数也会相应增加。

2. 企业的发展战略和经营规划

企业的发展战略和经营规划一方面取决于企业外部市场环境，尤其是企业产品和服务的需求状况；另一方面也取决于企业对外部市场环境的应对能力和独特的目标要求。企业的发展战略和经营规划直接决定了企业内部的职位设置情况以及人员需求数量与结构。当企业决定实行扩张战略时，未来的职位数量和人员数量肯定会有所增加，当企业对原有经营领域进行调整时，未来企业的职位结构和人员构成也会相应地进行调整。

3. 生产技术和管理水平的变化

不同的生产技术和管理方式很大程度上决定了企业内部的生产流程和组织方式，进而决定了组织内职位设置的数量和结构。因此，企业的生产和管理技术发生重大变化时，会引起组织内职位和人员情况的巨大变化。当企业采用效率更高的生产技术的时候，同样数量的市场需求可能只需要很少的人员就可以，同时新的技术可能还要求企业用能掌握新技能的员工来替换原有员工。但是新的技术也可能会有一些新的职位要求，如设计、维修等，也会在一定程度上增加对某一类员工的需求。

影响企业人力资源需求的因素很多，而且不同的企业影响因素会有所不同，即使是同一种影响因素，对人力资源需求的实际影响也有所差异，因此人力资源需求预测应根据企业的具体情况，分析和筛选出最为关键的因素，并确定这些因素对人力资源需求的实际影响，根据这些因素的变化对企业人力资源需求状况进行预测。

（二）人力资源需求预测的方法

对人力资源需求进行预测的方法很多，但不外乎两大类：第一类是定性方法，包括主观判断法、微观集成法、工作研究法和德尔菲法等；第二类是定量方法，包括回归分析法、趋势预测法、生产函数法、比率预测法。需要指出的是，在实际预测中，不应当只用一种方法，而应当将多种方法结合起来，这样预测的结果才会比较准确。下面介绍几种定性预测方法。

1. 主观判断法

主观判断法是最为简单的预测方法。它是由管理人员根据自己以往的经验对人力资源影响因素的未来变化趋势进行主观判断，进而对人力资源需求情况进行预测。在实际操作中，一般先由各个部门的负责人根据本部门未来一定时期内的工作量情况，预测本部门的人力资源需求，然后再汇总到企业最高层管理者那里进行平衡，以确定企业最终需求。这种方法完全凭借管理人员的经验，因此要求管理人员具有丰富的管理经验。这种方法主要适用于规模较小或者经营环境稳定、人员流动不大的企业。

2. 微观集成法

微观集成法可以分为"自上而下"和"自下而上"两种方式。"自上而下"是指由组织的高层管理者先拟订组织的总体用人计划和目标，然后逐级下达到各具体职能部门，开展讨论和进行修改，再将有关意见汇总后反馈回高层管理者，由高层管理者据此对总的预测和计划进行修改后，予以公布。"自下而上"是指组织中的各个部门根据本部门的发展需要预测未来某种人员的需求量，然后再由人力资源部门进行横向和纵向汇总，最后根据企业经营战略形成总的预测方案。

3. 工作研究法

工作研究法是在分析和确定组织未来任务和组织流程的基础上，首先确定组织的职位设置情况，然后根据职位职责，计算每个职位工作量及相应的人员数量。工作研究法的关键是工作量的计算和分解，因而必须制定明确的岗位用人标准以及职位说明书。

4. 德尔菲法

德尔菲法是邀请某一领域的一些专家或有经验的管理人员对某一问题进行预测，经过多轮反馈并最终达成一致意见的结构化方法。例如，在估计将来公司对劳动力的需求时，公司可以选择计划、人事、市场、生产和销售部门的经理作为专家。德尔菲法又称专家评估法，是用来听取专家们关于处理和预测某重大技术性问题的一种方法。

三、人力资源供给预测

（一）人力资源供给分析

对企业来说，人力资源供给本质上是生产过程中的劳动投入，取决于企业劳动力总人数、单位劳动力的劳动时间以及标准劳动力的折算系数。由于国家法律的限制，劳动者的劳动时间基本上是恒定的。标准劳动力的折算系数取决于劳动者的能力和实际生产效率，能力和实际生产效率越高，则折算系数越大。因此人力资源的供给预测就是对在未来某一特定时期内能提供给企业的人力资源数量、质量以及结构进行估计。对多数实行长期雇用的企业来说，人力资源供给包括外部供给和内部供给两个来源。与此相对应，人力资源供给预测也应从这两个方面入手。

1. 外部供给分析

外部供给是指企业可以从外部劳动力市场获得的人力资源。外部劳动力市场主要是针对那些没有技能的体力劳动或不需要多少技能的服务工作、钟点工、短工和季节工等组织中的次要部门的雇用情况，此外，最主要的就是具有长期雇用潜力的新员工。具有长期雇用潜力的新员工只有经过一系列的培训，并取得企业信任之后才能进入内部劳动力市场。在此之前，他们与其他的外部劳动力一样，其标准劳动力的折算系数都比较低。因此外部供给分析主要是对劳动者供给数量进行分析。

在外部劳动力市场，雇佣关系是短期的，没有晋升的承诺，工资也完全受劳动市场的调节。一般来说，多数企业对外部劳动力市场无法控制，除非它是劳动力市场的垄断需求者。因此对外部供给的分析主要是对影响供给的因素进行分析，进而对外部供给的有效性和变化趋势进行预测。

外部劳动力市场供给主体和分析单位是家庭。影响家庭人力资源供给决策的因素不仅包括市场工资水平而且包括家庭对闲暇的偏好。这些因素的共同作用会形成总的劳动力供给态势，当劳动供给大于或等于劳动需求时，多数企业外部劳动力需求会得以满足。当然对某个具体企业而言，家庭对生产行业和企业的偏好也会影响这个企业所面临的实际供给状况。因此企业所处的行业是否具有吸引力，以及企业本身是否比竞争者更有吸引力，可能对企业的人力资源供给状况具有更直接的影响。其他影响供给的因素有总体经济状况、地方劳动力市场状况和人们的就业意识等。

2. 内部供给分析

内部供给是指企业从内部劳动力市场可以获得的人力资源。经济中主要部门的劳动者，如拥有技能的蓝领工人、大部分管理和专业技术人员等，其雇用和工资并不直接受外部劳动力市场的影响，而是由企业按照内部的规定和惯例来决定，从而形成一个与外部劳动力市场（一般意义上的劳动力市场）相对隔离的内部劳动力市场，其主要特征表现为：长期雇用，从外部劳动力市场进入企业的人口很少，按工作而非个人的生产率支付工资以及内部晋升等。

进入内部劳动力市场的劳动者，其标准劳动力的折算系数基本大于1，并且随着培训以及劳动者劳动经验的积累和基本技能的增加，其标准劳动力的折算系数还有可能进一步增加。在新员工数量受到严格限制的条件下，企业内部劳动力市场的劳动者人数将随着劳动力的自然减员（如退休、生育）和离职而降低，但是人力资源供给却可能由于劳动者能力和素质的提升而增加。因此与外部供给分析不同，内部供给分析不仅要考虑劳动者供给人数的变化，更要研究劳动者能力和素质的变化。

（1）内部劳动力市场劳动者人数分析

内部劳动力市场劳动者人数取决于长期雇用的新员工人数以及现有内部劳动力市场劳动者人数。在新员工数量受到严格限制的条件下，内部劳动力市场人数供给状况主要取决于现有内部劳动力市场劳动者人数的自然变化和流动状况。

内部劳动力市场劳动者人数的自然变化取决于员工的性别、年龄和身体状况结构。例如，企业现有58岁男性员工30人，那么两年后内部劳动力市场供给就会减少30人。内部劳动力市场劳动者的流动状况包括人员流出和内部流动两个方面。企业人员流出的原因很多，如辞职、辞退等，企业人员流出的数量形成了内部劳动力市场减少的数量。企业人员内部流动主要影响企业内具体的部门和职位的人员供给状况。影响企业人员内部流动的因素主要是企业的绩效考核制度和结果，以及企业内部晋升和轮换制度等。

因此，内部劳动力市场劳动者人数分析应当关注员工的性别、年龄和身体状况结构，企业人员离职倾向、企业绩效考核制度和结果，以及企业内辞退、晋升和轮换制度等因素的变化和影响。

（2）内部劳动力市场劳动者素质分析

在内部劳动力市场劳动者人数保持不变的条件下，人员素质的变化会影响内部劳动力市场的供给状况。人员素质的变化体现在两个方面：高素质员工的比例变化以及员工整体素质的变化。无论是高素质员工数量的增加还是员工整体素质的提升，最终都会使企业生产效率提高，从而相对增加企业内部劳动力市场人力资源的供给。影响员工素质的因素很多，工资水平增加、激励工资（包括绩效工资、奖金、利润和股权分享计划）的实施，以及企业各类培训投入的增加，都可能有助于提升员工的素质。因此在进行内部劳动力市场劳动者素质分析时，必须对这些因素的变化和影响给予高度关注。

（二）人力资源供给预测途径

人力资源供给预测是指为了满足企业在未来一段时间内的人力资源需求，对将来某个时期企业从其内部和外部可以获得的人力资源的数量和质量进行预测。它包括外部人力资源供给预测和内部人力资源供给预测。

1. 人力资源外部供给预测

（1）影响因素

行业性因素、地区性因素和全国性因素是影响外部人力资源供给预测的三个因素。

行业性因素包括企业所处行业的发展前景，行业内竞争对手的数量、实力及其在吸引人才方面的方法，企业在行业中所处的地位和竞争实力等。地区性因素包括企业所在地及其周边地区的人口密度、就业水平、就业观念、教育水平，企业所在地对人们的吸引力，教育制度的改革对人力供给的影响，国家就业政策、法规的影响等。全国性因素包括对今后几年内国家经济发展情况的预测，全国对各类人员的需求程度，各类学校的毕业生规模和结构，教育制度的改革对人力资源供给的影响，国家就业政策、法规的影响等。

（2）预测方法

①直接收集有关信息。企业可以对所关心的人力资源状况进行相关调查，获得第一手材料。

②查阅相关资料。国家或者某一地区的统计部门、劳动部门都会定期发布一些统计数据，企业可以通过这些现有资料获得所需信息。当今互联网的迅速发展使相关信息资料的获得变得更加容易。

③对应聘和雇用人员的分析。对企业已经雇用或前来企业应聘的人员进行调查和分析，也可以对人力资源供给情况进行估计。

2. 人力资源内部供给预测

（1）影响因素

企业自身的人力资源策略和相应的管理措施是一个重要的影响因素。不同的企业对人才的期望是不尽相同的，有的企业采取鼓励人才合理流动的策略，将较多的精力放在吸引外部的成熟人才上，期望不断引入新鲜血液；有的企业则希望人才能长期稳定，企图用优厚的待遇、较多的培训机会和充足的发展空间来确保企业有稳定的人才。

（2）预测方法

第一，员工档案法。从员工进入企业开始，人力资源部门就应该为其建立内容全面的人员档案，以便企业对现有的员工哪些能被提升或调配随时做出判断。员工的个人档案中应该记录的内容包括：①员工的基本资料，如姓名、性别、年龄等个人信息；②员工过去的经历，如之前的教育经历、工作经历、培训经历等；③员工在企业中的经历；④员工在企业中职位、薪酬的变化，工作绩效评估的结果，所接受培训的内容和效果；⑤员工的能力，对员工的各项关键能力和专业技术能力测试和判断的结果，以及取得的奖励和成就等；⑥员工的素质测评结果，如对员工各项能力的测评；⑦员工的职业生涯规划，如员工的职业发展目标和计划、职业兴趣等。

第二，人员接替法。不少企业的管理人员都是从内部员工中提拔的，因此确定一些关键管理职位可能的接班人，明确这些接班人的潜力，确定能否胜任，这就是人员接替法。

第三，马尔可夫法。马尔可夫法是一种统计预测方法，其方法的基本思想：找出过去人事变动的规律，以此来推测未来的人事变动趋势。以某大学的人员流动为例，用马尔可夫法预测一段时间后学校的人员供给情况。

四、人力资源供需综合平衡

在预测了人力资源的需求与供给之后，人力资源规划就必须对人力资源的供求关系进行综合平衡，如出现不平衡，则要做出调整，使之趋于平衡。人力资源供给与需求预测的结果一般会出现以下三种可能：人力资源供大于求；人力资源供小于求；人力资源供求总量平衡、结构不平衡。针对这三种不同的情况，组织应采取以下措施。

1. 人力资源供大于求时

①撤销、合并臃肿的机构，减少冗员。这在一定程度上可以提高人力资源的利用率。

②辞退劳动态度差、技术水平低、劳动纪律观念不强的员工。

③鼓励提前退休或内退。对那些接近而未达到退休年龄者，制定一些优惠措施，鼓励其提前退休。

④加强培训工作，使员工掌握多种技能，增强他们的择业能力，鼓励员工自谋职业。同时，通过培训也可为组织的发展储备人力资本。

⑤减少员工的工作时间，降低员工的工资水平。如可采用多个员工分担以前只需一个或少数几个人就可完成的工作，组织按完成工作量来计发工资。这是西方组织在经济萧条时经常采用的一种解决组织临时性人力资源过剩的有效方法。

2. 组织人力资源供小于求时

①内部调剂。可将某些符合条件而又相对富余的人员调往空缺职位。也可通过培训与晋升的方法补充空缺职位。

②外部招聘。对组织内部无法满足的某些职位的人员需要，有计划地经由外部招聘。

③如果短缺现象不严重，且本组织员工又愿意延长工作时间，则可根据《中华人民共和国劳动法》（以下简称《劳动法》）有关规定，制订延长工时并适当增加报酬的计划。

④制订聘用非全日制临时工计划。如返聘已退休者，或聘用小时工等。

⑤工作再设计。工作再设计主要是通过工作扩大化，使员工做更多的工作，这样不仅能降低员工的单调感和厌烦情绪，而且也提高了人力资源的利用率。

总之，以上措施虽是解决组织人力资源短缺的有效途径，但是最有效的方法是通过激励及培训提高员工的业务技能，改进工艺设计，以此调动员工的积极性，提高劳动生产率，减少对人力资源的需求。

3. 人力资源供求总量平衡、结构不平衡时

当组织中人力资源在供求总量上是平衡的，但因人员结构不合理，造成某些职位空缺或人员不足时，组织应根据具体情况制订针对性较强的业务计划，如晋升计划、培训计划等，改变结构不平衡的状况。

应当指出的是，组织在制定平衡人力资源供求的措施时，不可能是某种情况单独出现，很可能是不同部门、不同层次的不同情况同时出现。所以，应具体情况具体分析，制定出相应的人力资源规划，使各部门人力资源在数量、质量、层次、结构等各方面达到协调与平衡。

五、人力资源规划制定程序

（一）准备阶段

信息资料是制定人力资源规划的依据，要想制定出一个有效的人力资源规划，就必须获得丰富的相关信息。影响人力资源规划的信息主要有以下三种。

1. 外部环境信息

外部环境信息主要包括两类：一类是宏观经营环境的信息，如经济、政治、文化、教育以及法律环境等。由于人力资源规划与组织的生产经营活动密切相关，所以这些影响组织生产经营的因素都会对人力资源的供给与需求产生作用。另一类是直接影响人力资源供给与需求的信息，如外部劳动力市场的政策、结构、供求状况，劳动力择业的期望与倾向，政府的职业培训政策、教育政策以及竞争对手的人力资源管理政策等。

2. 内部环境信息

内部环境信息包括两个方面：一是组织环境信息，如组织发展战略、经营计划、生产技术以及产品结构等；二是管理环境信息，如组织的结构、管理风格、组织文化、管理结构、管理层次与跨度及人力资源管理政策等。这些因素都决定着组织人力资源的供给与需求。

3. 现有人力资源信息

现有人力资源信息即对组织内部现有人力资源的数量、质量、结构和潜力等进行调查后得到的信息，包括员工的自然情况、录用资料、教育资料、工作经历、工作能力、工作业绩记录和态度记录等方面。组织人力资源的状况直接关系到人力资源的供需状况，对人力资源规划的制定有直接的影响，只有及时准确地掌握组织现有人力资源的状况，人力资源规划才有效。

（二）预测阶段

预测阶段的主要任务是在充分掌握信息的前提下选择使用有效的预测方法，对组织在未来某一时期的人力资源供给与需求进行预测。人力资源的供需达到平衡，是人力资源规划的最终目的，进行供给与需求的预测就是为了实现这一目的。在整个人力资源规划过程中，预测阶段是最为关键的一部分，也是难度最大的一个阶段，直接决定着人力资源的规划是否能够成功。人力资源管理人员只有准确地预测出人力资源的供给与需求，才能采取有效的平衡措施。

（三）实施阶段

在供给与需求的基础上，人力资源管理人员根据两者的平衡结果，制定人力资源的总体规划和业务规划，并制定出实现平衡需要的措施，使组织对人力资源的需求得到满足。需要说明的是，人力资源管理人员在制定相关措施时，应当使人力资源的总体规划和业务规划与组织的其他规划相互协调，这样制定的人力资源规划才能有效实施。

（四）评估阶段

对人力资源规划实施效果进行评估是整个规划过程的最后一个阶段。由于预测不可能做到完全正确，因此人力资源规划也需要进行修订。在实施过程中，要随时根据变化调整供给与需求的预测结果，调整平衡供需的措施。同时对预测的结果及制定的措施进行评估，对预测的准确性和措施的有效性进行评价，吸取经验教训，为以后的规划提供借鉴和帮助。

第二章 员工招聘、培训与开发

第一节　员工招聘

一、招聘概述

（一）招聘的含义

在理解招聘的含义时，应把握招聘工作以下三个方面的特点。

1. 招聘应以人力资源规划和工作分析为前提

人力资源招聘是以人力资源规划和工作分析这两项基础性工作为前提的。人力资源规划决定了组织预计要招聘的岗位、部门、数量、时限、类型等要求；工作分析则对组织中各个岗位的职责、所需的资质进行分析，为招聘工作提供了主要的参考依据，同时也为应聘者提供了有关岗位的详细信息。招聘工作对组织人力资源的合理形成、管理及开发具有至关重要的作用。

2. 招聘是组织与应聘者的互动选择

组织与应聘者之间的双向选择，是招聘工作的一个重要特征。应聘者根据组织发布的招聘信息，对照所聘岗位的条件和标准，进行自我分析、衡量，并了解组织的整体情况，从而选择合适的组织和合适的岗位作为应聘目标。而组织则从应聘者中，根据岗位要求择优录用。组织要尽量避免"人才高消费"的现象，尽量使录用人员的能力与岗位的职责要求相匹配。

3. 招聘应考虑成本问题

招聘应该同时考虑三个方面的成本：一是直接成本。包括招聘过程中广告费、工作人员工资和差旅费、考核费用、办公费用及聘请专家费用等；二是重置成本。重置成本是指因招聘不慎，须重新再招聘时所花费的费用；三是机会成本。机会成本是指因离职及新员工尚未胜任工作造成的费用支出。一般来说，招聘的职位越高，招聘成本就越大。招聘时必须考虑成本和效益，既要将成本降低到最低程度，又要保证录用人员的素质要求，这是招聘的最终目标。

（二）招聘的原则

人力资源部要有计划、有目标、有步骤地开展日常的人员招聘工作，严格掌握对应聘人员的基本要求，把任人唯贤、择优录用的基本原则贯穿在整个招聘工作的过程中，甄选出德才兼备的优良人员，不断满足组织发展的需要，使组织在激烈的竞争中保持人力资源的优势。具体来讲，招聘工作应该遵循以下六项原则。

1. 计划性

应该在组织人力资源规划的基础上，具体制订人员招聘计划。人员招聘计划作为组织人力资源规划的重要组成部分，为人员招聘录用工作提供了客观的依据。

2. 公开性

组织应该把空缺的职位种类、数量、应聘资格和条件、应聘方法等信息，通过公开的途径，向组织内外的应聘者发布，使招聘工作置于组织内外公开监督下，防止暗箱操作，唯有如此，才能给予组织内外的申请者以公平竞争的机会，达到广揽人才的目的。

3. 公平性

公平性原则要求通过考核和公平竞争，确定人员的优劣和取舍。为达到公平竞争的目的，既要吸引更多的应聘者，又要严格甄选程序，用科学的手段进行考核、筛选，减少甄选工作中的主观随意性。

公平性还要求组织对所有申请者一视同仁，不能人为地制造各种不公平的限制（如性别歧视、年龄歧视、籍贯歧视等），也不能人为地制造不平等的优先优惠政策，应为组织内外的申请者提供平等的竞争机会。

4. 标准性

招聘工作应该按照工作分析所提供的职位说明书进行。组织在进行招聘决策时要做好充分的准备，明确招聘的标准和条件。一个岗位宁可暂时空缺，也不要让不合适的人选占据，尽量不要降低招聘标准来录用人员，如果因为招聘标准定得太高，以致所有的候选人都无法达到招聘标准时，组织可以适当地重新考虑招聘标准。在降低招聘标准时，一定要谨慎，否则会导致招聘标准的混乱，对其他员工造成不公平，同时也影响以后的工作。

5. 全面性

全面性与标准性原则相联系。对应聘者的资格、条件与所招聘职位的匹配性方面要进行全面的考察，不能只考察其中的某一突出方面就简单地做出录用或拒绝的判断，避免以偏概全。

6. 合适性

合适性原则要求做到既广开才路，又人事相宜。招聘的对象不一定是最优秀的，而应该是最合适的。招聘时要量才录用，做到人尽其才、人事相宜，尽量避免大材小用，造成浪费。这里的标准是职位的要求，如果应聘者的条件远远超过职位的要求，那么今后他的工作稳定性就不会太高。

（三）招聘的主要环节

1. 员工招募

招募是为了吸引更多更好的应聘者而进行的一系列活动，包括根据需求预测制订招聘计划，发布招聘信息，收集和整理应聘者的申请等，招募是招聘工作的基础。

2. 人员甄选

甄选是对所招募人员进行筛选的过程。为了对应聘者进行全面和深入的了解，组织应该借助于各种方式从中甄选出合格的人选来，这些方式包括对应聘材料的评价、开展背景调查，对初选合格的人选进行面试，必要的话，还应该进行相应的心理、技能的测试和考核。

3. 人员录用

录用是招聘工作决定性阶段，也就是对甄选出的人员进行初始的安置，包括做出录用决策、安排体检和岗前培训、试用和安置等方面的工作。

4. 招聘评估

评估是招聘工作不可或缺的环节，为此，组织应该成立评估小组，评估由各级主管领导、人力资源部主管、招聘工作人员及须补充人员的部门领导组成。招聘评估主要从招聘各岗位人员到位情况、应聘人员满足岗位的需求情况、应聘录用率、招聘单位成本控制情况等方面进行，还可以从所录用人员的流失率来判断招聘工作的质量。

二、招募

招募是组织为了吸引更多更好的应聘者而进行的一系列活动，包括招聘计划的制订和审批、招聘信息的发布、收集和整理应聘者的申请等，它是招聘工作的基础。

（一）招募的流程和活动内容

1. 制订招聘计划

人员招聘计划是组织人力资源规划的重要组成部分，通过定期或不定期地招聘录用组织所需要的各类人才，为组织人力资源系统充实新生力量，实现组织内部人力资源的合理配置，为组织提供可靠的人力资源保证，同时弥补人力资源的不足。招聘计划的主要内容包括以下七个方面。

（1）确定招聘需求

招聘工作一般是从招聘需求的提出开始的。招聘需求通常是由用人部门提出的，由于招聘需求往往受制于组织的人员预算，因此用人部门应该和人力资源部门共同分析实际工作的需要和业务的变化来确定人员的预算。

人员招聘需求一般产生于下列几种情况：新建组织；现有职位因种种原因发生空缺；组织业务不断扩大；调整不合理的员工队伍等，由此而提出人员增补需求。

第一，提出招聘需求。根据组织统一的人力资源规划，或由各部门根据长期或短期的实际工作需要，准确地把握有关组织对各类人员的需求信息，确定人员招聘的种类和数量。

第二，填写"人员需求表"。人力资源部门可根据具体的情况制定不同的人员需求表，人员需求表应依据职务说明书制定，包括如下几个内容：①所需人员的部门、职位；②工作内容、责任、权限；③所需人数以及何种录用方式；④人员基本情况（年龄、性别等）；⑤要求的学历、经验；⑥希望的技能、专长；⑦其他需要说明的内容。

（2）确定招聘人数

招聘计划应该确定招聘录用人数以及达到规定录用率所需要的人员。为确保组织人力资源构成的合理性，各年度的招聘录用人数应大体保持均衡。录用人数的确定，还要兼顾到录用后员工的配置、晋升等问题。此外，还要根据以往的招聘经验，确定为了达到规定录用率至少应吸引多少人员前来应聘。

（3）估算招聘时间

有效的招聘计划还应该准确地估计从候选人应聘到录用之间的时间间隔。随着劳动力市场条件的变化，这些数据也要相应地发生变化。

（4）确定招聘范围

即在多大的范围内开展招聘工作。确定招聘范围时，首先要考虑的是招聘岗位的特点，如组织的管理人员与专业人员可以在全国范围或区域范围内招聘；技术人员可以在区域或当地劳动力市场上招聘；基层工作人员，如文员和蓝领工人可以在当地招聘。此外，组织所在地区的经济和技术发展水平和当地的劳动力市场的状况也会影响招聘范围的确定。

（5）确定招聘标准

除了个人基本情况（年龄、性别等）外，录用标准可以从与工作相关的知识背景、工作技能、工作经验、个性品质、身体素质等方面的情况进行确定。在明确每个方面的具体标准时，还应该进一步区分哪些素质是职位要求所必需的，哪些是希望应聘者具有的。

（6）确定招聘方法

组织应根据成本及时间间隔数据定期收集、评价招聘来源信息，对各种信息来源进行分类，选择那些最快、最廉价地提供适当人选的信息来源。费用最高的来源通常是猎头公司，其代理费约为个人年薪的1/3，组织招聘高级管理人才时比较适用；而一般人员的招聘可通过职业介绍所，因其费用较低。

（7）估算招聘成本

一般来讲，录用一个人所需要的费用可以用招聘总费用除以雇用人数得出。除此之外，下列的成本计算也是必不可少的。

①人事费用。工资、福利及加班费。

②业务费用。如电话费、专业费及服务费、信息服务费、广告费、物资及邮资费用等。

③一般管理费用。如租用临时设备、办公用具设备等的费用。

2. 报送主管领导审核

人力资源部门应该对人力需求及资料进行确认，估算有关费用，经综合平衡，提出是否受理的具体建议，报送主管领导审批。

3. 招聘工具的设计和招聘信息的发布

（1）招聘工具的设计

招聘工具包括招聘广告和应聘者申请表（登记表）。

①招聘广告。设计招聘广告需要注意以下三个方面。

其一，确定广告类型。招聘广告的基本类型有行式（列式）广告和展示广告两种。行式（列式）广告是分类广告中的一些小广告，费用通常取决于字数或行数。展示广告是较大的、四周封围的广告，经常包括标志图片和显著标题，其费用较高。

其二，选择广告媒体。广告媒体包括报纸、杂志、电视、广播、招聘现场的宣传资料、户外公告栏、互联网等。在选择广告媒体时，要注意比较各种媒体的优缺点和适用场合，根据自身的需要和实力，有针对性地选择一种媒体或者几种媒体的组合。

其三，制作广告内容。广告内容必须提供能使受众响应的信息，通常招聘广告的内容应该包括的信息有：

A. 岗位名称。

B. 组织名称、经营的内容或服务的领域、工作地点。

C. 工作的目标、责任以及所属部门负责人的职位。

D. 要求的学历和工作经验。

E. 在工作要求与年龄相关时，要具体说明年龄限制。

F. 薪酬以及福利。如有可能，应该说明大致的薪酬范围。

G. 注明希望应聘者答复的方式、联系方式和联系人员等。

H. 截止日期。

②应聘者申请表。应聘者在获得招聘信息以后，可以向招聘单位提出应聘申请。应聘申请有两种：一种是应聘者的应聘书；另一种是直接填写招聘组织的应聘者申请表（登记表）。应聘者申请表的设计要依据职务说明书，每一栏目均有一定的目的，不要烦琐重复。一般来说，应聘者申请表的设计可反映以下几个方面的信息。

A. 个人情况。如姓名、年龄、性别、婚姻状况、地址及电话等。

B. 知识背景。如最终学历、学位，外语水平等。

C. 工作技能。是指与工作相关的某些特殊的技能等，如计算机操作。

D. 工作经验。主要包括工作年限、主要工作成就等。

E. 个性品质。如性格特点及个人的爱好等。

F. 生活及身体素质。如家庭成员、健康状况等。

G. 其他情况。如离职的原因、应聘职位的动因等。

（2）招聘信息的发布

发布招聘信息应该注意的问题有：

①信息发布的范围。信息发布的范围由招聘对象的范围决定。在确定发布范围时要考虑信息发布的成本。

②信息发布的时间。为了缩短招聘进程，吸引更多的应聘者，招聘信息应该尽早向公众发布。

③招聘对象的层次性。为提高招聘的成功率，节约招聘成本，应该根据招聘职位的要

求和特征，有针对性地向特定层次的潜在应聘者发布招聘信息。

4．收集、整理应聘者的信息

收集、整理应聘者的信息，是对应聘者进行初步筛选。对应聘者进行初步筛选是招聘录用系统的重要组成部分，主要是对应聘者申请表及个人简历进行初审及评价。这种初审的目的是要挑选有希望的求职者，在其余的选拔过程中再收集有关该求职者的更详细的情况。该程序用于为招聘录用系统后面一些程序的进行而筛选求职者，它通过迅速地从应聘者信息库中排除明显不合格者来帮助录用系统有效运行。

筛选应聘者申请表可依据人员录用标准来进行，如上面提到的五个标准：与工作相关的知识背景、工作技能、工作经验、个性品质、生活及身体素质。

一般情况下，专业性岗位的候选人的筛选由人力资源部门进行，组织最好能成立由部门经理、人力资源管理者及技术专家组成的小组来进行这项工作。对普通职位的申请者，可以由接待人员或人力资源部门的工作人员进行甄别和筛选。

（二）招聘的渠道和方法

在招聘需求获得批准以后，需要选择合适的渠道和方法来获取职位候选人。招聘渠道通常有内部渠道和外部渠道两种。

1．内部渠道

内部渠道就是从组织内部选拔合适的人才来补充空缺或新增的职位。在进行人员招聘录用工作时，组织内部调整应先于组织外部招聘，尤其对高级职位或重要职位的人员选聘工作更应如此。

（1）内部渠道的特点

通过内部渠道选拔合适的人才，可以发挥组织中现有人员的工作积极性，同时也能加速人员的岗位适应性，简化程序，减少招聘、录用时的人力、财力等资源支出，也减少培训期和培训费用。具体来说，内部渠道的优势可从以下四个方面来分析。

①从选拔的有效性和可信度来分析，管理者和员工之间的信息是对称的，不存在"逆向选择"和"道德风险"问题。因为内部员工的历史资料有案可查，管理者对其工作态度、素质能力以及发展潜能等方面有比较准确的认识和把握。

②从企业文化角度来分析，员工与组织具有共有价值观，对组织具有较强烈的归属感和信任感。员工在组织中工作过较长一段时间，已融入组织文化，视组织为他们的事业和命运的共同体，认同组织的价值观念和行为规范，因而对组织的忠诚度较高。

③从组织的运行效率来分析，现有的员工更容易接受指挥和领导，易于沟通和协调，易于消除边际摩擦。这有助于贯彻和执行组织的方针决策，有利于发挥组织效能。

④从激励效果来分析，内部选拔能给员工提供晋升机会，容易鼓舞员工士气。通过内部选拔，使员工的成长与组织的成长同步，在组织内部形成积极进取、追求成功的气氛。

但是，内部渠道本身存在着明显的不足，具体表现在：内部员工竞争的结果必然是有胜有败，可能影响组织的内部团结；容易形成"近亲繁殖""群体思维""长官意志"现象，不利于成员创新；可能因领导好恶而导致优秀人才外流或被埋没；也可能出现"裙带关系"，滋生组织中的"小帮派""小团体"，进而削弱组织效能。

（2）内部招聘的方法

当一个组织注重从内部招聘和提升人员时，其员工就有了为取得更好的工作机会而努力的动力。内部招聘和提升的有效手段包括以下几个方面。

①内部晋升或岗位轮换。内部晋升或岗位轮换是建立在系统有序基础上的内部职位空缺补充方法。首先，要建立一套完整的职位体系，明确不同职位的关键职责、职位级别、职位的晋升轮换关系，指明哪些职位可以晋升到哪些职位，哪些职位之间可以轮换；其次，要在对员工绩效管理的基础上建立员工的职业生涯管理体系，建立员工的发展档案，了解员工的职业发展愿望，帮助员工建立个人的职业发展规划，根据员工的发展愿望和发展可能性进行有序的岗位轮换，并对业绩优秀的、有潜力的员工加以提升。

②工作告示和工作投标。工作告示是一种向员工通报现有工作岗位空缺的方法，在组织内部，通过布告栏、内部报刊、内部网站等渠道公布招聘信息。工作告示的内容包括工作说明书中有关空缺职位的性质、职责、所要求的资历条件、薪酬情况、直接上司、工作时间等情况。人力资源管理部门承担全部的书面工作，并负责安排用人部门对申请人进行面试。工作投标则是一种允许那些认为自身具备所需资格的员工申请公告中所列工作的自荐方法。

③内部推荐。内部推荐有两种。一种是内部员工推荐。当组织出现职位空缺时，组织不仅要鼓励内部员工推荐自我应聘，还应鼓励员工利用自己的社会关系为组织推荐优秀的人才。另一种情形是管理人员推荐，当需要晋升的职位是基层管理职位时，管理人员往往倾向于亲自挑选推荐将来进一步提拔的候选人。

④转正。许多组织经常会有临时的雇用人员。当正式岗位出现空缺时，如果临时人员的能力和资格又符合所需岗位的任职资格要求时，可以考虑临时人员的转正问题。这样，临时人员也就成为补充职位空缺的内部来源。

2. 外部渠道

外部渠道是通过外部获得组织所需的人员，如果没有适宜的内部应聘者，或者内部人力不能满足招聘人数，须向组织外部招聘。通过向外部招聘，组织可以补充初级岗位，获得现有员工不具备的技术，获得能提供新思想的并具有不同背景的员工。

（1）外部招聘的特点

外部渠道招聘具有以下优势。

①为组织带来不同的价值观和新观点、新思路、新方法。外聘优秀的技术人才、营销专家和管理专家，他们将带给组织"技术知识""客户群体"和"管理技能"，这些关系资源和技术资源对组织的发展来说是至关重要的。

②为组织注入活力。外聘人才可以在无形当中给组织原有员工施加压力，形成危机意识，激发斗志和潜能，从而激活组织，使组织保持活力。

③外部渠道广阔，挑选的余地大。特别是随着全国性的人才市场和职业经理人市场的形成，外部挑选的余地很大，能招聘到许多优秀人才，尤其是一些稀缺的复合型人才，这样还可以节省大量内部培养和培训的费用，促进社会化的合理人才流动。

④外部招聘也是一种很有效的信息交流方式，组织可以借此树立积极进取、锐意改革的良好形象。

但是，外部招聘也不可避免地存在着不足，具体表现在：由于信息不对称，往往造成筛选难度大，成本高，甚至出现"逆向选择"；外聘员工需要花费较长时间来进行培训和定位；可能挫伤有上进心、有事业心的内部员工的积极性和自信心，或者引发内、外部人才之间的冲突；"外部人员"有可能出现"水土不服"的现象，无法融入组织文化；可能使组织沦为外聘员工的"跳板"；等等。

（2）外部招聘的渠道

外部渠道可以委托各种劳动就业机构，如各类学校的毕业生分配部门推荐，利用各种职业介绍所招聘，利用各种人才市场、劳务市场等招聘，委托猎头公司招聘等；也可以自行招聘录用，如利用同事、亲属关系介绍，利用广告招聘（包括报纸广告、杂志广告、电视广告、电台广告、广告传单）等。

组织应根据各种招聘方法的优缺点全面权衡，同时要充分考虑到自身条件，如知名度、经营规模、业务内容、员工规模等。另外，还必须考虑到可能的应聘者的价值观、职业观、就业观等。在对上述这些方面进行全面分析比较的基础上来选择适合本组织的招聘方法是比较稳妥的。

（3）外部招聘的方法

当组织迅速发展、严重依赖外部提供重要人才时，有效利用外部劳动力市场、吸引外部人才就成为组织招聘的工作重点。外部招聘的方法包括以下几种。

①网络招聘。互联网不仅仅是一个在网上发布招聘广告的媒体，而且是一个具有多种功能的招聘服务系统。通过互联网招聘的途径有以下几种。

第一，专业招聘网站。专业招聘网站同时为企业和个人服务，提供大量的招聘信息，并且提供网上的招聘管理和个人求职管理服务。

第二，直接发布招聘信息。招聘者只要在网上进行注册，就可以按照指定的方法将自己的职位空缺信息和用人要求在网上发布出去。

第三，搜索网上简历库。人才招聘网络上的简历库能提供大量的求职者信息，因此，不通过发布招聘广告而直接搜索网络上的简历库，成为招聘单位检索感兴趣候选人的一种非常有效的方法。

第四，利用组织自己的网站。无论从效益还是从费用的角度，组织在自己的网站上制作精美的招聘网页，都是极具优势的。组织的网站应该成为组织与人才互动交流的窗口。

②举办或参加人才招聘会。人才招聘会是一种比较传统的招聘方式。招聘会分为两类，一类是专场招聘会，专场招聘会是组织面向特定群体或者需要招聘大量人员而举办的；另一类是非专场招聘会，往往是由某些中介机构组织（如人才交流中心等）及用人单位参加的招聘会。组织参加非专场招聘会，需要了解招聘会的档次、对象、组织者、影响力等信息，对组织来说，举办或参加人才招聘会，是展示自身形象和实力的良好机会，为此，组织应当做好参展的准备工作，这些准备工作包括以下几个方面。

A. 准备一个尽量好的展位；

B. 准备足够的宣传资料和登记表格；

C. 确定好参展人员；

D. 与有关的协作方沟通联系；

E. 做好必要的宣传工作。

③利用职业中介。组织通过与就业服务机构联系，告知对应聘者的具体要求，由职业中介机构承担寻找和筛选应聘者的工作，并向组织推荐合适的应聘者以备组织做进一步的筛选。职业中介的作用简化了组织的面试工作，节省了招聘的时间成本，但职业中介的筛选质量可能不高。在利用职业中介机构时必须注意：

A. 向职业中介机构提供一份精确而完整的工作说明书；

B. 限定职业中介机构对应聘者的筛选程序和工具；

C. 定期审阅那些被接受或被否决的应聘者的材料；

D. 最好与一到两家职业中介机构建立长期联系。

④利用猎头公司。猎头公司常被用来搜寻理想的高级管理人员，猎头公司掌握着大量的有经验和特殊才能的人才的信息，一般都拥有自己的人才数据库。猎头公司在接受客户委托以后，不通过广告吸引潜在的求职者，也不向个人收取服务费。猎头公司主动接触候选人，对候选人进行面谈或其他方式的测评，并通过各种途径对候选人进行背景调查，向客户提供候选人的评价报告。猎头公司主要是为企业服务的，无论企业最终是否聘用猎头公司所提供的候选人，企业均需支付相应的费用，一般相当于所招聘职位年薪的 30% ~ 40%，再加上搜寻过程中所发生的费用。利用猎头公司必须注意的问题有以下几种。

第一，考察猎头公司的资质。具有良好资质的猎头公司应该有严谨的操作规范、优秀的专业水准、强烈的服务意识，并且深刻了解客户所处的行业，自觉遵守法律法规。

第二，明确双方的责任和义务。在与猎头公司合作时，一定要在开始就约定好双方的责任和义务，并就一些可能发生异议的问题达成协议，如费用、时限、候选人的标准、保证期的承诺、后续责任等。

⑤媒体广告。媒体广告是最为传统的招聘方式，不同的广告媒体具有不同的特点。

第一，报纸。报纸的优势表现在：造价低廉，制作简便；便于自由选择阅读；便于保存和查阅；信息量大。报纸的劣势表现在：受众范围有一定的限制性，这主要是因为报纸传播受文字媒介的制约，虽然文字表现力强，现代报纸多采用套色，使报纸传播显示出图文并茂的特色，但与电子媒介相比，报纸缺乏生动性和直观性，可能给广告的设计带来一定的限制。报纸的适用情形是：比较适用于某个特定地区的招聘；比较适合在短期内需要得到补充的空缺职位；适合于候选人数量较大的职位；适用于较高流失率的行业或职位。

第二，杂志。杂志除具有报纸传播的一般优势外，还具有以下优势：杂志更具有保存价值，受众阅读的有效时间长，重复阅读率高；杂志比报纸更具有传阅性，客观上扩大和深化了杂志的传播效果；杂志的指向性是最为明确的，每种杂志都有其特定的读者群，而且读者群比较稳定；与报纸相比，其印刷精美，特别对图像来说，其保真度高。杂志的劣势表现在：与报纸相比较，杂志的出版周期更长，发行量和发行区域受到更大的限制，同时受众范围的限制性也更明显。杂志的适用情形是：当候选人的专业性较强时，选择专业性杂志有很大的针对性；所需要的候选人的地区分布较广；所空缺的职位对组织来说并非迫切需要。

第三，广播。广播的优势表现在：广播的受众不受年龄、性别、职业、文化因素的制约，受众面广；传播速度迅速，其传播速度更快于电视传播，在四大传媒中，广播的传播速度最为快捷；成本低廉，使用方便，接收广播虽然受到节目编排和播出时间的限制，但收听很少受到空间的限制。广播的劣势表现在：广播效果具有稍纵即逝的特点，信息的储存性差，难以记录和查询；同时广播内容的编排是按时间顺序排列的，受众的选择性显得差些；广播媒介只能传送声波信号，不能传送图像信号。广播的适用情形是：当组织需要迅速扩大影响，将组织的形象宣传与人员招聘结合起来同时进行时；用于引起潜在的应聘者对其他媒体广告的注意，起到告知性的作用。

第四，电视。电视的优势表现在：电视不仅能传送声波信号，还能传送图像信号，因此，它是一种视听结合的媒介，传真性强；受众面广，影响面大，比广播更能吸引受众。电视的劣势表现在：电视广告制作成本高、技术复杂；受众接受时明显受到时间和空间的限制；储存性差，受众不便查考。电视媒介使用于招聘广告的情形与广播相仿。

第五，印刷品。运用印刷品发布招聘广告的优势表现在：印刷品指向性明确；能引起应聘者的兴趣并引发他们采取行动。印刷品的劣势表现在：宣传力度有限；可能被随意丢弃。印刷品在特殊场合比较适用，如展示会、招聘会、大学校园等。印刷品广告适合与其他形式的招聘活动配合使用。

⑥校园招聘。大专院校和各类职业学校日益成为各用人单位招聘足够数量的高素质人才的广阔市场。各类学校为组织提供了大量受过良好正规教育，但实际经验较少的年轻求职者，他们的学习愿望和学习能力较强，与具有多年工作经验的候选人相比，新毕业学生的薪酬也比较低。组织在校园进行招聘时应该注意的问题和采取的途径有以下几种。

A. 关注校园信息，追踪目标学校的就业动态；

B. 与校方有关机构和人员保持良好的联系；

C. 通过各种手段在校园渗透组织文化，推广组织形象，如演讲会、研讨会、资助各种文化活动和专业比赛、赞助校园的公共设施等；

D. 为优秀学生设立奖学金，为贫困学生设立助学金；

E. 组织学生到企业参观、实习；

F. 利用各种手段发布招聘信息。

⑦其他途径。除了上述各种外部招聘的方法和途径外，面向外部招聘的方法还有应聘者的直接申请、员工的引荐等。

三、甄选和录用

人力资源的获取工作是一个完整的流程，甄选和录用是整个招聘系统的组成部分。为了对应聘者的知识水平、能力、专业兴趣和个性特征等多方面的内容有比较全面和深入的了解，组织应该借助于不同的方式甄选出合适的人选，甄选已经成为组织招聘工作的一个最重要的阶段。录用则是组织经过甄选之后的决定，录用作为一种契约将组织与应聘者紧密地联系起来。

（一）甄选

1．甄选的程序

甄选过程应该由人力资源部门和用人部门经理共同完成，其步骤如下。

（1）评价求职申请表和简历

评价求职申请表和简历是对应聘者进行的初步筛选。无论是由个人提交的申请表和简历，还是由组织统一设计的登记表，总会存在许多不可靠的成分。初步筛选的目的在于透过申请表和简历的表面现象观察分析其潜在的危险信号。对显示出危险信号的申请者，应该在初步筛选中予以剔除。对有希望的候选人，可以将发现的疑问记录下来，以备面试时提问。一般来说，有下列情况的，可以视作"危险信号"：①申请表信息不完全；②就业经历存在间断；③在某职位上短期任职，且没有合乎逻辑的原因；④在某一工作岗位上缺乏所期望的成绩；⑤缺乏有效的离职原因；⑥所描述的职责与原任职岗位不一致；⑦过去的经验与申请的职位不一致；⑧不合逻辑地提供申请职位所必需的经验或技能。

（2）进行面试、测试和考核

对初选合格的人选进行面试，必要的话还要进行测试和考核，一般步骤如下：

①确定参加面试的人选、发出书面通知。通知书上应该注明面试的时间、地点、联系方式等内容。

②进行面试准备。面试准备包括确定面试主持者和参加人员、选择合适的面试方法、设计评价表和面试提问提纲、面试的场所布置和环境控制。

③面试过程的实施。面试是获取求职者信息最常用的方法，在各个层次的选择中被广泛使用。它依靠面试考官的面试技巧有效地控制面试的实际操作，面试过程的操作质量直接影响着人员招聘与录用工作的质量。关于面试的方法和技巧，后面有详细阐述。

④进行必要的测试和考核。选择性测试被视为最可靠、最准确的选择方法，通过对应聘者施以不同的测试和考核，可以就他们的知识、能力、技能等条件，以及个性品质、职业性向、动机和需求等方面加以评定，从中选出组织所需要的人选。

⑤分析评价结果。这个阶段的工作主要是针对应聘者在面试、测试和考核中的实际表现作出结论性的评价，为录用取舍提供建议。

（3）背景调查

背景调查就是核实求职者申请材料和个人简历等与实际是否相符，以获得求职者更全面的信息。背景调查的主要目的是"打假"。由于人才在市场上处于供大于求的状况，求职者面临极大的压力，被迫在求职时对自己进行包装，求职申请书越做越精美，工作经历越来越丰富，甚至夸大其词。那些文凭低、工作经验不足的求职者为迎合用人单位的需要，纷纷弄虚作假，致使假文凭、假职称证书到处泛滥。

第一，调查时间。背景调查一般安排在面试结束后与拟聘人员上岗前进行，因为此时大部分不合格人选已经被淘汰，而对被淘汰人员自然就没有实行调查的必要了。

第二，调查内容。背景调查内容应以简明、实用为原则。"简明"是为了控制背景调查的工作量，降低调查成本，缩短调查时间，以免延误上岗时间而影响业务开展。"实用"指调查的项目必须与工作岗位需求高度相关，不要调查与任职要求无关的内容。调查的内容不必面面俱到，基本上可以分为三类：①通用项目。如学历学位的真实性、任职资格证书的有效性。②过去的工作经历。侧重了解受聘时间、职位和职责、离职原因、薪酬、与职位说明书要求相关的工作经验、技能和业绩等问题。③有无不良的记录。

第三，调查的具体实施。进行背景调查可以委托中介机构进行，提出需要调查的项目和时限要求即可。如果工作量较小，也可以由人力资源部门操作。由人力资源管理部门实施调查时，可以根据调查内容把调查对象集中在三大类，即学校管理部门、以前和当前的任职单位、档案管理部门，进行分头调查。

2. 甄选技术与方法

甄选工作对组织绩效和成本有重要的影响，决定了组织能否最终获取适合工作岗位的理想人选，因此，甄选已经成为招聘过程的一个最重要的阶段，在甄选过程中要用到多种评价技术和方法。

（1）面试

面试是组织的面试人员与应聘者之间进行信息沟通的过程。作为一种评价求职者的主要方法，面试可以使管理者获取并验证一些重要信息，有机会评价应聘者的主观方面——面部表情、仪表、紧张程度等。

①面试的过程。面试的过程包括准备阶段、实施阶段和反馈阶段。

第一，准备阶段。面试前的准备工作对面试的成功具有至关重要的作用。准备阶段的基本工作大体有以下几种。

其一，研究工作说明书。工作说明书对职位说明的信息是面试测验的依据，面试时应该围绕工作说明书进行问题的设计。

其二，约定面试时间、准备面试场地。面试者要安排好面试时间，并提早通知被面试者。面试的时间不要与其他重要工作的时间相冲突；在场地安排时要注意两个问题：一个是环境的布置和座位的安排；另一个是环境气氛。

其三，准备提问提纲。

其四，设计面试记录表和面试评分表。面试评分表的主要内容是列出评价要素和评价等级、综合评语以及录用意见等。

第二，实施阶段。面试实施的具体过程包括以下三个基本阶段：

其一，导入阶段。导入阶段主要是面试者和被面试者通过自我介绍与对方认识，导入阶段通过交谈一些与工作无关的问题，创造一种轻松、友好的面试氛围。

其二，核心阶段。核心阶段是整个面试过程最为重要的阶段，通过提问、倾听和观察，面试者着重收集被面试者能胜任应聘岗位能力方面的关键信息，并依据这些信息对被面试者作出基本的判断。这一阶段费时最多，面试者除了要运用提问技巧外，还要注意倾听的艺术，并且观察被面试者的非语言信息。提问时不必拘泥于准备好的提纲，要随时根据被面试者的回答情况作出适当追问，以获取和验证更为全面的信息。

其三，确认阶段。面试者回顾检查是否遗漏了能反映胜任应聘岗位能力的核心问题，并进一步确认这些关键问题。结束阶段也可以提一些旁敲侧击的问题，了解被面试者的一些潜在的信息。

第三，反馈阶段。面试结果的反馈有两条线路：一是由人事部门将人员录用结果反馈到组织的上级和用人部门；二是逐一将面试结果通知应聘者本人，对录用人员发布"试录用通知"，对没有被接受的应聘者发布"辞谢书"。另外要注意将面试资料存档备案，以备查询。至此面试工作全部完成，重新回到人员招聘与录用的程序之中。

②面试的种类。面试的方法有很多，组织可以根据自身招聘不同层次人员的不同需要，有针对性地选择面试的方法和种类。

第一，序列面试。序列面试是指通过一系列连续的面试而为录用决策积累信息的方法，一般包括几轮，经过每一轮次的淘汰，下一轮的面试根据前一轮的面试评估表做准备。

其一，初次面试。初次面试通常是由组织的人力资源管理部门负责招聘工作的人员主持，了解应聘者接受教育的背景、工作经历、能力、个性、求职意愿等，同时向应聘者介绍组织的基本情况和所聘职位的职责和要求等。

其二，再次面试。再次面试是在初次面试筛选的基础上，由组织的主管部门的负责人、人力资源管理部门的负责人协同进行，如果是选拔高级和重要岗位的人员，组织高层管理人员也应该参加。再次面试主要是为了更加充分地了解应聘者的情况，进一步确认被面试者是否适合其所应聘的职位。再次面试往往对做出录用决策起着重要的作用。

第二，结构化面试。结构化面试是指事前预备好书面的工作说明书和录用标准，设计开发好问题，以避免面试者遗漏某些关键信息的一种面试方法。结构化面试的优点是对所有的被面试者都提同样的问题，对所有的被面试者有统一的评分标准，便于分析和比较，一般适用于初次面试。结构化面试的缺点是缺乏灵活性，很难做到因人而异。

第三，非结构化面试。非结构化面试是指没有固定的格式，没有统一的评分标准，所提问题因人而异，根据现场情景设计开放性问题的一种面试方法。非结构化面试的优点是可以根据应聘者的陈述内容灵活地提出相关的问题，缺点是面试者的主观性较强，没有统一的标准，容易产生偏差。

第四，小组面试。小组面试是由几个面试者使用一套事先准备好的问题，共同对被面试者进行提问的一种面试方法。面试小组成员包括人力资源管理部门的负责人和用人部门的负责人。小组面试的优点是为参与录用决策的人员提供了同等的机会审查被面试者，同时也节省了系列面试时所花费的时间和精力。小组面试的缺点是对被面试者来说压力可能比较大。

③面试的技巧。面试的技巧涉及多个方面，如陈述的技巧、提问和倾听的技巧、如何捕捉非语言信息的技巧、如何面对不同个性的被面试者的技巧、如何进行现场控制的技巧，等等。这些技巧与作为管理者的素养和技能有关。在此我们只介绍面试提问的 STAR 步骤。

STAR 是情况（Situation）、任务（Task）、行动（Action）和结果（Result）四个英文字母的首字母组合。通常，应聘者的求职材料上写的都是一些结果，描述自己做过什么、成绩怎样，比较简单和宽泛。而面试者则需要了解应聘者是如何取得这些业绩的。通过 STAR 提问，面试者可以全面地了解该应聘者的知识、经验、技能的掌握程度以及工作风格、性格特点等信息。

第一，情况。面试者要了解该应聘者所述业绩是在一个什么样的情况下取得的，通过不断地提问，可以全面了解该应聘者取得所述业绩的前提，从而获知所取得的业绩有多少是与应聘者个人有关，多少是和环境因素有关。

第二，任务。面试者要了解的是应聘者为了取得所述业绩，都完成了哪些工作任务，每项任务的具体内容是什么样。通过这些可以了解应聘者的工作经历和工作经验，以确定其所从事的工作与获得的经验是否适合现在所空缺的职位。

第三，行动。面试者还要继续了解应聘者为了完成上述任务所采取的行动，即了解该应聘者是如何完成工作的，工作中采取了哪些行动，所采取的行动是如何帮助其完成工作的。通过对应聘者"行动"方面信息的提问，面试者可以进一步了解应聘者的工作方式、思维方式和行为方式。

第四，结果。最后，面试者要关注结果，即应聘者在采取行动完成每项任务的结果是什么，以及造成这种结果的原因又是什么。

通过上述四个步骤，面试者可以逐步将应聘者的陈述引向深入，从而挖掘出应聘者潜在的信息，为组织的录用决策提供正确和全面的参考。STAR步骤既有利于组织招聘到合适的人才，也为应聘者提供了一个尽可能全面展现自我、推销自我的平台。

（2）心理测试

心理测试是根据被测评者对一组标准问题的回答方式，测量其心理特征，并据以预测被测评者与拟任职位符合程度的方法，以达到甄选的目的。

上述面试方法存在的最大局限是难以获取应聘者的内在个性和实际工作能力方面的信息。心理测试作为一种间接的测量手段，则能在一定的程度上测评出应聘者的人格特征、能力特征（包括能力倾向）、基础知识和专业知识、基本技能和特殊技能等。但即便如此，测试也只能作为甄选录用时的一种辅助性的方法，测试和考核并不是万能的，许多信息是不能通过测试和考核来获取的。

①心理测试的标准。心理测试的标准是衡量测评工具的测量学指标，这些标准能衡量测试方法对甄选录用的合宜程度。

第一，效度与信度。测试的效度就是测试的有效性，也就是测试的准确性。有效性和准确性是科学测试的最重要的必备条件。保证较高效度的基础是较高的信度。信度是测试的稳定性和可靠性的指标，所谓的稳定可靠是指测试的结果不能随着测试者、测试时间、测试地点的变化而变化。

第二，公平性。公平性是指测试工具对不同的人来说，没有功能的差异性，在设计测评工具时要排除与工作职位无关的因素的影响，同时，一种测评方法应该能保证平等地对待所有的应聘者，不能因为他们的性别、年龄、出身等方面的不同而有所偏颇。

第三，客观性。测试是一种客观的测试，测试工具必须是经过标准化的。在测试工具的编制、测试的具体实施以及评分和解释方面都要依据一套系统的程序，以降低无关因素对测试结果的影响，便于对不同人的测试结果进行比较和交流。在注意客观性时，也要考虑适用程度，即测试方法的适用范围。适用程度越高、适用范围越大，则其针对性会相应地减少。

第四，经济性。经济性涉及的是成本和效益的关系。成本是指用于测试的全部成本支出，一般来说，测试的精确程度与成本成正比。因此，在具体进行测试时，应该根据企业甄选录用的实际需要，在测试的精确性和成本之间作出正确的权衡，从而决定所用的测试方法。

②心理测试的类别。根据测试的具体对象划分，心理测试有认知测试和人格测试两种。

第一，认知测试。认知测试测评的是认知行为，如成就测试（主要测评对象的成就需要）、智力测试（主要测评认知活动中较为稳定的行为特征）、能力倾向测试（主要测试人的一般倾向和特殊倾向）。

第二，人格测试。人格测试测评的是社会行为，如态度、兴趣、性格与品德等，心理学家开发了各种问卷，用来进行人格测试。

③心理测试的方法。心理测试有两种基本的测试方法。一种是问卷法；另一种是投射法。

第一，问卷法。问卷法往往是由一系列问题组成的结构化量表，其编制形式可以是"是非式""选择式"和"等级排列式"几种。问卷有自陈量表和非自陈量表，心理测试一般运用的是自陈量表。

第二，投射法。投射法提供了结构不明确的刺激情景——投射物，投射物通常是刺激意义不明确的各种图形、墨迹、词语，也可以是实物。让被测试者在不受限制的情景下自由地作出反应，不自觉地将自己的意愿、态度和情感等特性投射其中，从中来推测测验的结果。常用的有罗夏的墨迹测验、默里和摩根的主题统觉测验（简称 TAT）。

④心理测试的注意方面。心理测试必须谨慎进行，在进行心理测试时必须注意以下几点。

第一，心理测试必须由心理学专家主持和实施。对一些计分性的测试要由专业人员掌握，不能公开，计分方法更要保密。

第二，实事求是地看待测试的结果和作用。一般来说，心理测试的结果只反映了被测试者某一方面的特质和水平，不能反映他的整体状况，不能迷信心理测试的结果，在解释心理测试的结果时要与拟聘的工作性质相联系；同时，要明确的是对心理测试的作用也不能过高估计，即便是一个信度与效度都很高的测试，当它应用到具体的个人时，其准确性也不一定很高。因此，心理测试的方法只能作为甄选、录用的辅助方法。

第三，心理测试工具设计的标准化和科学化。测试工具的设计要遵守科学的原则，必须由专门机构评审。对一些"常模"（反映众多样本共性的特征值）指标，需要经过实践的探索和检验而不断地修正和完善。

（3）评价中心法

评价中心法是一种综合运用多种评价技术对被评价人员进行全面了解的程序，由这种方法得出的评价结果适用于人力资源管理的各项工作。

①评价中心法的特点。评价中心法有其自身的优势和缺陷。评价中心法的优点表现在以下几个方面。

第一，可靠性。评价中心法综合使用了多种测评技术，如心理测验、能力测验、面试等，由多个评价者进行评价。各种技术从不同的角度对被评价者的目标行为进行观察和评价，各种手段之间可以相互验证，因此能对被评价者进行较为可靠的观察和评价。

第二，动态性。评价中心法的组成部分以及最突出的特点是它使用了情景性的测验方法，通常，它将被评价者置于一个模拟的工作情境中，了解被评价者与其他人员进行交往和解决问题过程中的行为。因此，评价中心法是一种动态的测评方法，这种对实际行动的观察往往比被评价者的自我陈述更为准确有效。

第三，现实性。评价中心法注重发现被评价者对新工作岗位的适应能力，而不太看中其以往的工作经历；更多地测量被评价者实际解决问题的能力，而不是他们的观念和知识，这对被评价人员和企业来说都极具现实意义。

第四，客观性。评价中心法所采取的手段很多是真实情景的模拟，因此，这种方法有时又被称为情景模拟法。人们在评价中心的活动表现都与拟任的工作岗位有关，被评价者的表现比较接近于真实情况，被评价人作伪的可能性极低，便于评价人得出更为客观和可信的评价结果。

②评价中心法的主要形式。评价中心法的主要形式有以下几种。

第一，无领导小组讨论。无领导小组讨论是评价中心法中经常采用的一种测评技术。无领导小组模拟了日常工作中重要的管理沟通情景。其操作方法是给被评价者（一般来说是5~7人）一个有待解决的问题，让他们在1个小时左右的时间里展开讨论以解决这个问题。所谓"无领导"是指参加这一组讨论的被评价者之间是平等的，由他们自行安排发言次序并进行讨论，评价者的任务是观察和评估被测评者在讨论中的表现，但并不参加讨论，也不事先在被测评者中间指定小组的领导者。

第二，文件筐测验。文件筐模拟了管理人员日常进行的公文处理情景，因此，也被称为文件处理练习。被评价者通常扮演某一管理人员的角色，他们被要求在规定的时间内处理来自企业内部上下左右的文稿，如通知、报告、请示、来信等，这些文稿涉及的问题可能是惯例性的，也可能是非常规性的；可能是小事，也可能是大事。被测评者要独立地对这些文稿进行处理，做出决定。

第三，角色扮演。角色扮演是一种比较复杂的测评方法，它再现了组织中的真实情景，要求被测评者扮演一定的角色，模拟实际工作情景中的一些活动。角色扮演通常采用一些非结构化的情景，在被评价者之间交互作用。"模拟面谈"是通常采用的一种角色扮演形式。即由一名经过训练的人员充当可能与拟任职位在工作中发生关系的各种角色与被评价者谈话，被评价者被要求回答所要解决的问题，由评价者对面谈的过程进行观察和评价。

第四，工作样本法。工作样本法是选取一些工作任务作为拟聘职位的一个"工作样本"，然后请被测评者现场操作，根据被测评者的实际表现来测评其管理效率。工作样本法从被测评者一个样本的工作绩效预测其整体绩效，减少了许多推论环节，因此是一种比较直接、自然的测验方法。这种方法还有一个更大的特点是能使被测评者对拟任的管理工作有一个更加现实和感性的认识。

除此之外，演讲、管理博弈、案例分析等也是经常被用到的评价中心技术。各种方法应结合使用，仅仅以某一种特殊的评价技术都不足以称为评价中心法，同时，必须由多名评价人主持评价工作，仅仅由一个人主持评价工作或者仅仅是每个评价人各自写出评价报告而没有经过评价小组成员讨论的情况，也不足以称为评价中心法。

（二）录用

录用是招聘工作的决定性阶段，这个阶段包括做出录用决策、安排体检和实际录用等方面的工作。

1. 录用决策

录用决策，主要是对甄选评价过程中获取的信息进行综合评价与分析，确定每一个候选人的能力特点，根据预先设计的人员录用标准进行挑选，从而选择合适人员的过程。

最终做出决策的一般是用人部门的经理。在录用决策中，人力资源管理者的作用应该是向用人部门提供服务和专家意见，帮助部门经理做出科学决策。如果人事部门与用人部门在人选意见上有冲突，应尊重用人部门的意见。在做出录用决策时，应该尽可能地选择那些具有与组织精神、文化相吻合的个性特点的应聘者。

2. 安排体检

身体健康是开展工作的基础，进行录用前的体检主要有以下四个方面的作用：一是确定求职者是否符合岗位的身体要求；二是建立求职者的健康记录，为未来的保险或雇员的赔偿要求提供依据；三是降低缺勤率和事故，发现雇员可能不知道的传染性疾病；四是体检资料还可以用于确定某些体力、能力特性是否与员工绩效水平相联系的研究。

3．实际录用

（1）将甄选结果通知应聘者

通过了上述所有程序，人力资源管理部门就可以给被录用者发出录用通知，对不被录用者发出辞谢通知。录用通知一般要以信函的方式及时发出，在录用通知书中，要说明报到的起止时间、报到的地点以及报到的程序等内容，同时对被录用者表示欢迎。辞谢通知可以用信函的方式，也可以通过电话的方式。委婉礼貌的辞谢通知，有助于树立良好的组织形象，也有利于今后招聘工作的开展。

（2）录用人员岗前培训

岗前培训的目的在于向新员工介绍其工作、工作环境及工作同事，能使其迅速熟悉业务流程，消除新员工对新工作、新工作环境及新同事的神秘感，激励新员工的士气。

岗前培训的内容包括熟悉工作内容、性质、责任、权限、利益、规范；了解企业文化、政策及规章制度；熟悉企业环境、岗位环境、人事环境；熟悉、掌握工作流程、技能等。培训周期一般为3天至1星期，特殊岗位的培训可以适当延长。培训合格者方可上岗工作，培训不合格者给予机会再进行培训，如仍不合格者，应予以辞退。

（3）试用

试用的主要目的是通过工作实践考察试用人员对工作的适宜性，同时，也为试用员工提供了进一步了解组织及工作的机会，事实上，这一阶段是组织与员工的双向选择，彼此双方不受任何契约的影响。

培训合格者上岗试用，试用周期一般为3个月；特殊岗位的试用期可为6个月；试用期工作优异者，经部门推荐、考核通过，可提前结束试用期，正式录用。对试用期违反公司规章、工作程序、规范者，因其对新环境的不熟悉，应本着教育的原则予以纠正和帮助。

（4）入职手续

新员工必须从原雇主处辞职，完成人事档案的转移，填写新员工档案登记表并签订劳动合同。

第二节 员工培训与开发

一、培训与开发概述

企业通过招聘与录用，吸纳了新的员工，这些新员工对企业目标、企业文化、具体岗位工作的内容要求等，并不一定真正理解与掌握，而且他们目前所具备的知识能力可能与实际的工作要求之间有一定的差距。因此，对企业来说，就很有必要尽快提高他们的能力水平，并使其融入企业，以积极有效的行为和心态开展工作。此外，对在企业中工作了多年的老员工，当他们转换了新的工作岗位，或者当企业的环境发生了变化时，如企业的经营战略发生变化、企业引进了新的技术等，这时也需要对他们进行培训，帮助他们适应新的环境。这就是人力资源管理的一项基本职能——培训与开发。

作为人力资源管理的一项基本职能活动，培训与开发是实现人力资源增值的一条重要途径。随着人力资源对价值创造贡献的逐渐增加，人力资源的增值对企业的意义也日益重要。因此，越来越多的企业开始重视培训与开发工作。

（一）培训与开发的含义

培训与开发是指企业通过各种方式使员工具备完成现在或者将来工作所需要的知识、技能并改变他们的工作态度，以改善员工在现有或将来职位上的工作业绩，最终实现企业整体绩效提升的一种计划性和连续性的活动。

培训（training）和开发（development）是两个既有重叠又有区别的概念，重叠在于两者的出发点是一样的，都是要通过提高员工的能力来提升员工的工作业绩，进而提高企业的整体绩效；实施的主体都是企业，接受者都是企业内部的员工。但是，两者之间也存在一定的区别。第一，关注点不同，培训关注现在，而开发关注未来。培训更多是一种具有短期目标的行为，目的是使员工掌握当前所需的知识和技能，如教会一名新工人如何操作机器，教会管理人员如何进行生产调度等，这些都是典型的培训；开发则更多的是一种具有长期目标的行为，目的是使员工掌握将来所需的知识和技能，以应对将来工作所提出的要求。在实践中，培训更多是一种滞后的弥补行为，而开发更多地与员工职业发展联系在一起。第二，培训的内容多与现在的工作内容相关，开发则可能与现在的工作内容联系并不紧密。第三，培训对工作经验要求更多，而开发主要针对新的工作，对经验要求较少。第四，有些培训活动是员工必须参加的，带有一定的强制性，开发活动则更多与员工的发展意愿相关。

对培训与开发含义的准确理解，需要把握以下四个要点。

第一，培训与开发的对象是企业的全体员工，而不只是某部分员工。当然这并不意味着每次培训的对象都必须是全体员工，而是说应当将全体员工都纳入培训体系中，不能将有些员工排斥在体系之外。

第二，培训与开发的内容应当与员工的工作相关，与工作无关的内容不应当包括在培训与开发的范围之内。此外，培训与开发的内容还应当全面，与工作有关的各种内容都要包括进来，如知识、技能、态度、企业的战略规划、企业的规章制度等。过去，有些企业在进行培训时往往不注意这个问题，只重视"硬内容"的培训，比如业务知识、工作技术等，而忽视了"软内容"，比如工作态度、企业文化等。这里所指的工作既包括员工现在从事职位的工作，也包括将来可能从事职位的工作。

需要强调的是，有些内容虽然不属于培训与开发的范畴，却利用了培训与开发这一手段。例如，企业聘请外部人员给女性员工进行家政服务的培训，这是企业为员工提供的一项福利，是薪酬福利的范畴，内容本身并不属于培训与开发，但它却要借助培训这种形式来实现。

第三，培训与开发的目的是改善员工的工作业绩并提升企业的整体绩效。应当说这是企业进行培训与开发的初衷和根本原因，这也是衡量培训与开发工作成败的根本性标准。如果不能实现这一目的，培训与开发工作就是不成功的。

第四，培训与开发的主体是企业，也就是说培训与开发应当由企业来组织实施。有些活动虽然客观上也实现了培训与开发的目的，但实施主体并不是企业，因此也不属于培训与开发的范畴。例如，员工进行自学，即使同样会改善工作业绩，也不能算作培训与开发；但如果这种自学是由企业来组织实施的，就属于培训与开发。

（二）培训与开发的意义

企业之所以越来越重视培训与开发工作，是因为它具有非常重要的作用和意义，主要表现在以下五个方面。

1. 培训与开发有助于改善企业的绩效

企业绩效的实现是以员工个人绩效的实现为前提和基础的，有效的培训与开发工作能帮助员工提高知识、技能，改变他们的态度，增进对企业战略、经营目标、规章制度、工作标准等的理解，不断提高工作积极性，从而有助于改善其工作业绩，进而改善企业的绩效，这可以说是培训与开发最为重要的意义。尤其是在员工个人的工作绩效低于需要达到的水平时，这种意义就更加突出。

2. 培训与开发有助于增进企业的竞争优势

构筑自己的竞争优势，这是任何企业在激烈的竞争中谋求生存和发展的关键所在。当今时代，随着知识经济的迅猛发展和科学技术的突飞猛进，企业的经营环境日益复杂多变。通过培训与开发，一方面可以使员工及时掌握新的知识、新的技术，确保企业拥有高素质的人才队伍；另一方面也可以营造出鼓励学习的良好氛围，这些都有助于提高企业的学习能力，增进企业的竞争优势。所以，企业要想在激烈的竞争中立于不败之地，就必须重视员工的培训与开发。

3. 培训与开发有助于提高员工的满意度

应当说，员工的满意度是企业正常运转的必要条件之一，而培训与开发则有助于提高员工的满意度。对员工进行培训与开发，可以使他们感受到企业对自己的重视和关心，这是满意度的一个重要方面。此外，对员工进行培训与开发，可以提高他们的知识技能水平，而随着知识技能水平的提高，员工的工作业绩能得到提升，这有助于提高他们的成就感，这也是满意度的一个方面。

4. 培训与开发有助于培育企业文化

在21世纪竞争日益激烈的市场环境里，企业家们越来越意识到文化管理同样是企业管理的一个重要部分。学者们的研究表明，良好的企业文化对员工具有强大的凝聚、规范、导向和激励作用，这些对企业来说有着非常重要的意义，因此很多企业在重视规章制度建设的同时也越来越重视企业文化的建设。作为企业成员共有的一种价值观念和道德准则，企业文化必须得到全体员工的认可，这就需要不断地向员工进行宣传教育，而培训与开发就是其中非常有效的一种手段。

5. 培训与开发有助于增强企业对优秀人才的吸引力

知识经济时代，企业对优秀人才的竞争日趋激烈，而知识员工作为一个特殊的群体，具有特殊的地方，如他们看重发展的机会和自身的进步，因此他们对企业能否提供培训机会就特别关注。企业如果能给他们提供相应的培训与开发，就能满足他们的需求，留住这部分员工，并对外部人员产生较强的吸引力。

（三）培训与开发的原则

企业在实施培训与开发活动时，应当遵循以下六项基本原则，这样才能保证并充分发挥培训与开发的效果。

1. 服务企业战略和规划的原则

战略和规划作为企业的最高经营纲领，对企业各方面的工作都具有指导意义。培训与开发作为人力资源管理系统的一个组成部分，自然也要服从和服务于企业的战略和规划。培训与开发工作的实施，应当从企业战略的高度来进行，绝不能将两者割裂开来，单就培训与开发来谈培训与开发，是很多企业在进行培训与开发时最容易犯的一个错误。

服务企业的战略和规划，要求培训与开发不仅要关注眼前的问题，更要立足于长远的发展，从未来发展的角度出发来进行培训与开发，这样才能保证培训与开发工作的积极主动，而不是仅充当临时"救火员"的角色。

从时间序列的角度来看，现在就是过去的将来，如果企业的培训与开发工作总是在疲于解决当前的问题，就说明过去的培训并没有立足于将来，这才导致现在会出现问题。

2. 目标原则

目标对人们的行为是具有明确导向作用的，因此在培训与开发的过程中也应该贯彻目标原则。在培训之前为受训人员设置明确的目标不仅有助于在培训结束之后进行培训效果的衡量，而且有助于提高培训的效果，使受训人员在接受培训的过程中具有明确的方向，并且有一定的学习压力。

为了使培训目标更有指导意义，目标的设置应当明确、适度，既不能太难也不能太容易，要与每个人的具体工作相联系，使受训人员感受到培训的目标来自工作但又高于工作。

3. 差异化原则

培训与开发不同于学校教育，它在普遍性的基础上更强调差异化。这里，差异化原则有两层含义。

首先，是指内容上的差异化。由于培训的目的是要改善员工的工作业绩，因此培训的内容必须与员工的工作有关，而在企业中每个职位的工作内容都是不一样的，每个员工的工作业绩也是不同的，因此在培训时应当根据员工的实际水平和所处职位确定不同的培训内容，进行个性化的培训，这样培训与开发才更有针对性。这个问题在企业以前的培训中并没有引起足够的重视，虽然也投入了大量的资源，但是效果并不理想。

其次，是指人员上的差异化。虽然培训与开发要针对全体员工来实施，但这绝不意味着在培训过程中就要平均使用力量。按照"二八原则"的解释，企业中80%的价值是由20%的人员创造的，加之企业资源的短缺，因此在培训中应当向关键职位进行倾斜，特别是中高层管理和技术人员。

4. 激励原则

为了保证培训与开发的效果，在培训过程中还要坚持激励原则，这样才能更好地调动员工的积极性和主动性，以更大的热情参与到培训中来，提高培训的效果。这种激励的内容是广泛的，既包括正向的激励，也包括反向的激励；激励还应当贯穿整个培训的过程，例如在培训前对员工进行宣传教育，鼓舞员工学习的信心；在培训过程中及时进行反馈，增强员工学习的热情；在培训结束后进行考核，增加员工学习的压力；对培训考核成绩好的予以奖励，对培训考核成绩差的给予惩罚等，这些都属于激励的内容。

5. 讲究实效的原则

由于培训与开发的目的在于员工个人和企业的绩效改善，因此培训与开发应当讲求实效，不能只注重培训的形式，而忽视培训的内容；培训的内容应当结合实际，要有助于绩效的改善；要注重培训转化，学以致用，培训结束后企业应当创造一切有利条件帮助员工实践培训的内容，要将培训和工作结合起来，不能只学习而不使用，这样不仅造成培训资源的严重浪费，而且也失去了培训与开发本来的意义。因此，培训活动要从实际的工作需要出发，结合员工的年龄、知识、能力、思想等实际情况进行具有明确目的的培训，确保培训收到实效。

6. 效益原则

企业作为一种经济性组织，它从事任何活动都是讲求效益的，都要以最小的投入获得最大的收益，因此，对理性的企业来讲，进行培训与开发同样需要坚持效益原则，也就是说在费用一定的情况下，要使培训效果最大化；或者在培训效果一定的情况下，使培训的费用最小化。因此，在实施培训活动的过程中，在确保培训效果的前提下，必须考虑培训的方式方法，采取适当的培训措施，以期获取最佳的培训效益。

（四）培训与开发的分类

在实践中，培训与开发具有各种不同的形式，对这些类型的辨别有助于我们加深对培训与开发的理解。按照不同的标准，可以将培训与开发划分成不同的类型。

第一，按照培训对象的不同，可以将培训与开发划分成新员工培训和在职员工培训两大类。

新员工培训指对刚刚进入企业的员工进行培训；在职员工培训指对已经在企业中工作的员工进行培训。由于培训的对象不同，这两类培训之间存在比较大的差别，新员工培训相对来说比较简单，因此通常所讲的培训与开发是针对后者而言的。

按照员工所处的层次不同，在职员工培训又可以继续划分为基层员工培训、中层员工培训和高层员工培训三类。由于三类员工在企业中所处的位置不同，承担的职责不同，发挥的作用也不同，因此对他们的培训与开发要区别对待，应当侧重不同的内容，采取不同的方法。

第二，按照培训形式的不同，可以将培训与开发划分为在岗培训和脱产培训两大类。

在岗培训指员工不离开工作岗位，在实际工作过程中接受培训；脱产培训则是指员工离开工作岗位，专门接受培训。这两种培训形式各有利弊，企业在实施的过程中需要根据实际情况来选择恰当的形式。

第三，按照培训性质的不同，可以将培训与开发划分为传授性的培训和改变性的培训两大类。

传授性的培训指使员工掌握自己本来所不具备的内容的培训，例如员工本来不知道如何操作机床，通过培训使他能进行正确操作，这种培训就是传授性的培训。改变性的培训则是指改变员工本来已具备的内容的培训，例如员工知道如何操作机床，但是操作的方法有误，通过培训使他掌握正确的操作方法，这种培训就是改变性的培训。

第四，按照培训内容的不同，可以将培训与开发划分为知识性培训、技能性培训和态度性培训三大类。

知识性培训指以业务知识为主要内容的培训；技能性培训指以工作技术和工作能力为主要内容的培训；态度性培训则指以工作态度为主要内容的培训。这三类培训对员工个人和企业绩效的改善都具有非常重要的意义，在培训中都应当给予足够的重视。

此外，按照其他的标准，培训与开发还可以划分成其他不同的类型。需要再次强调指出，对培训与开发类型的划分意义并不完全在于这些类型本身，而在于对培训与开发的深入理解。

（五）培训与开发与人力资源管理其他职能的关系

作为人力资源管理系统的一个组成部分，培训与开发与人力资源管理的其他各项职能活动之间都存在着密切的关系。

1. 培训与开发与职位分析的关系

职位分析是实施培训与开发活动的重要基础之一，通过职位分析形成各个职位的工作描述，这是对新员工进行培训的一个主要内容。此外，通过职位分析还可以界定出各个职位的任职资格条件，这是进行培训需求分析时需要考虑的一个重要因素。

2. 培训与开发与人力资源规划的关系

一方面，培训与开发是人力资源规划得以顺利实现的重要保证，在人力资源的业务规划中，培训与开发计划本身就是其中的一项内容。此外，业务规划中的人员补充计划、人员配置计划、人员接替和提升计划，这些也都需要以培训与开发工作的有效实施为基础。另一方面，人力资源规划也是培训与开发的前提之一，在人力资源规划的指导下，企业可以更有计划地实施培训与开发工作。

3. 培训与开发与招聘录用的关系

培训与开发与招聘录用的关系也是相互的，一方面，招聘录用的质量会对培训与开发产生影响，招聘录用的质量高，人员与职位的匹配程度高，培训与开发的任务相对就会比较轻；反之，培训与开发的任务就会比较重。另一方面，培训与开发也会影响到招聘录用，尤其是员工招聘，如果企业比较重视培训与开发工作，提供的培训机会比较多，那么对员工的吸引力就比较大，招聘的效果就比较好；反之，招聘的效果就比较差。

4. 培训与开发与绩效管理的关系

培训与开发与绩效管理的关系同样是双向的，一方面，绩效考核是确定培训与开发需求的基础，通过对员工的绩效进行考核，发现他们存在的问题，分析这些问题产生的原因，就可以确定出培训的对象和培训的内容，这样培训与开发工作就更有针对性。另一方面，培训与开发工作可以改善员工的工作业绩，这也有助于更好地实现绩效管理的目的。

5. 培训与开发与员工关系管理的关系

培训与开发对企业建立良好的员工关系有着巨大的推动作用，通过培训，有助于员工认同企业的文化，增强员工对企业的归属感，从而可以加强企业的凝聚力和向心力。此外，通过相关的培训，可以使员工掌握人际关系处理的技巧，培养他们的团队意识，这些也有助于减少员工之间的摩擦，建立和谐的人际关系。

二、员工培训系统模型

（一）培训的准备阶段

在员工培训的准备阶段，必须做好两个方面的工作：一是培训需求分析；二是培训项目标确定。

1. 培训需求分析

培训需求分析主要是为了明确是否需要进行培训。它包括组织分析、任务分析与人员分析三项内容。

（1）组织分析

组织分析是要在企业的经营战略下，确定相应的培训，并为其提供可利用的资源、管理以及企业对培训活动的支持。这里需要分析三个问题：①从战略发展的高度预测企业未来在技术、销售市场及组织结构上可能发生什么变化，对人力资源的数量和质量的需求状况进行分析，确定适应企业发展需要的员工能力。②分析管理者和员工对培训活动的支持态度。③对企业的培训费用、培训时间及培训相关的专业知识等培训资源的分析。

（2）任务分析

任务分析包括任务确定及对需要在培训中加以强调的知识、技能和行为等进行的分析。任务分析用以帮助员工准确、按时地完成任务。任务分析的结果是有关工作活动的详细描述，包括员工执行任务和完成任务所需的知识、技术和能力的描述。这里对工作任务的分析并不等同于工作分析，主要研究怎样具体完成各自所承担的职责和任务，即研究具体任职人员的工作行为与期望的行为标准，找出其间的差距，从而确定其需要接受的培训。

（3）人员分析

人员分析可帮助培训者确定谁需要培训，即通过分析员工目前绩效水平与预期工作绩效水平来判断是否有进行培训的必要。影响员工绩效水平与学习动机的因素包括：个体特征，即员工是否具有完成工作所应具备的知识、技术、能力和态度；工作输入，即员工是否得到一些指导，如应该干些什么、怎样干和什么时候干等；工作输出，即员工是否了解工作的目标；工作结果，即与业绩相关的奖励是否有足够的激励作用；工作反馈，即员工是否能得到执行工作中的有关信息。

2. 培训项目标确定

培训项目标一般包括三个方面的内容：一是说明员工应该做什么；二是阐明可被接受的绩效水平；三是受训者完成指定学习成果的条件。培训项目标确定应把握以下三个原则：一是使每项任务均有一项工作表现目标，让受训者了解受训后所达到的要求，具有可操作性；二是目标应针对具体的工作任务，要明确；三是目标应符合企业的发展目标。

（二）培训的实施阶段

在培训的实施阶段，企业要完成两项工作：培训方案设计和培训实施。从培训工作的系统来看，培训的成功与员工培训项目设计有很大关系。

1. 培训方案设计

培训方案的设计是培训项目目标的具体操作化，即目标告诉员工应该做什么，如何做才能完成任务、达到目的。主要包括以下一些问题：选择设计适当的培训项目；确定培训对象；培训项目的负责人，包含组织的负责人和具体培训的负责人；培训的方式与方法；培训地点的选择；根据既定目标，具体确定培训形式、学制、课程设置方案、课程大纲、教科书与参考教材、培训教师、教学方法、考核方法、辅助器材设施等。

2. 培训实施

培训实施是员工培训系统关键的环节。在实施员工培训时，培训者要完成许多具体的工作任务。要保证培训的效果与质量，必须把握以下问题。

（1）选择和准备培训场所

首先，培训场所应具备交通便利，舒适、安静、独立而不受干扰，能为受训者提供足够的自由活动空间等特点。其次，注意座位的安排，即应根据学员之间及培训教师与学员之间的预期交流的特点来布置座位。总之，选择和准备培训场所应以达到培训效果为目的。

（2）课程描述

课程描述是有关培训项目的总体信息，包括培训课程名称、目标学员、课程目标、地点、时间、培训的方法、预先准备的培训设备、培训教师名单以及教材等。它是从培训需求分析中得到的。

（3）课程计划

详细的课程计划非常重要，包括培训期间的各种活动及其先后次序和管理环节。它有助于保持培训活动的连贯性而不论培训教师是否发生变化；有助于确保培训教师和受训者了解课程和项目目标。课程计划包括课程名称、学习目的、报告的专题、目标听众、培训时间、培训教师的活动、学员活动和其他必要的活动。

（4）选择培训教师

员工培训的成功与否与培训教师有很大的关系。特别是 21 世纪的员工培训，教师已不仅仅是传授知识、态度和技能，而且是受训者职业探索的帮助者。企业应选择那些有教学愿望，表达能力强，有广博的理论知识、丰富的实践经验、扎实的培训技能，热情且受人尊敬的培训教师。

（5）选择培训教材

培训的教材一般由培训教师确定。教材有公开出版的、企业内部的、培训公司的以及教师自编的四种。培训的教材应该是对教学内容的概括与总结，包括教学目标、练习、图表、数据以及参考书等。

（6）确定培训的时间

适应员工培训的特点，应确定合适的培训时间，明确何时开始、何时结束，每个培训周期培训的时间，等等。

（三）培训的评估阶段

培训评估是员工培训系统中的重要环节。一般包括五个方面的工作：确定评估标准、评价方案设计、培训控制、培训评估以及结果评估。

1. 确定评估标准

为评估培训项目，必须明确根据什么来判断项目是否有效，即确立培训的结果或标准。只有目标确定后才能确定评估标准，标准是目标的具体化，同时又为目标服务。培训结果可以划分为五种类型：认知结果、技能结果、情感结果、效果以及投资净收益。评估标准通常由评估内容、具体指标等构成。制定标准的具体措施步骤分为：一是对评价目标进行分解；二是制定出具体标准；三是组织有关人员讨论、审议，征求意见，加以确定；四是试行与修订。在确定标准时必须把握一定的原则：各评估标准的各部分应构成一个完整的整体；各标准之间要相互衔接、协调；各标准之间应有一定的统一性与关联性。

2. 评价方案设计

企业可以采用不同的评价方案来对培训项目进行评价，主要有以下四种。

①培训前和培训后的比较。即将一组受训者与非受训者进行比较。对培训结果的信息要在培训之前和培训之后有针对性地进行收集。如果受训者小组的绩效改进大于对比小组，则培训有效。

②参训者的预先测试。它是让受训者在接受培训之前先进行一次相关的测试，即实验性测试。一方面，可以更好地引导培训的侧重点；另一方面，可对培训效果进行评估。

③培训后测试。它只需收集培训的结果信息。如果评价设计中找到对比小组，操作则更方便。

④时间序列分析。即利用时间序列的方法收集培训前、后的信息，以此来判断培训的结果。它经常被用于评价会随着时间发生变化的一些可观察的结果（如事故率、生产率及缺勤率等）。

3. 培训控制

培训控制贯穿于整个培训实施过程中，即根据培训的目标、员工的特点等调整培训系统中的培训方法、进程等。它要求培训者具有观察力，并经常与培训教师、受训者沟通，以便及时掌握培训过程中所发生的意外情况。

4. 培训评估

进行培训评估时应对培训项目目标、方案设计、场地设施、教材选择、教学的管理以及培训者的整体素质等各个方面进行评价。因此，评估内容包括评估培训者、评估受训者、评估培训项目本身三个方面。评估的过程一般包括以下几个方面：首先是收集数据，如进行培训前和培训后的测试、问卷调查、访谈、观察、了解受训者观念或态度的转变等；其次是分析数据，即对收集的数据进行科学的处理、比较和分析，并得出结论；最后是把结论与培训项目标加以比较，提出改进意见。

5. 结果评估

结果评估就是对培训效果转移的评估，即指对员工接受培训后在工作实践中的具体运用或工作情况的评估。对培训效果的评价要考虑评价的时效性。有些培训的效果是即时性的，如对操作人员进行一种新设备操作技能的培训，其培训效果在培训中或在培训结束后就会表现出来，则即时性评价能说明培训的效果；而有些培训的效果要通过一段时间才能表现出来，如对管理人员进行的综合管理能力的培训，在这种情况下，对受训者长期的或跟踪性的评价则是必需的。

（四）培训的反馈阶段

培训的反馈阶段是员工培训系统中的最后环节。通过对培训效果的具体测定与量化，可以了解员工培训所产生的收益，把握企业的投资回报率；也可以为企业的培训决策及培训工作的改善提供依据，以更好地进行员工培训与开发。

1. 培训效果测定

培训评估内容包括对培训设计、培训内容以及培训效果的评价。通常采用对受训者的反应、学习、行为、结果四类基本培训成果或效益的衡量来测定。

2. 培训效果测定的方法

培训效果测评的量化是一项十分复杂的工作。投资回报率是一个重要的培训成果量化指标。下面介绍员工培训的成本—收益分析方法，即通过财务会计方法确定培训项目的经济收益。

（1）确定成本

培训成本包括直接成本与间接成本。确定成本的方法主要有两种：一种是根据企业员工培训系统模型，对培训的不同阶段（培训项目设计、实施、需求分析、开发和评估）所需的设备、设施、人员和材料的成本进行比较（这种方法有助于比较不同培训项目成本的总体差异），或将培训不同阶段所发生的成本用于项目之间的比较；另一种是用会计方法计算成本。

（2）确定收益

企业应分析培训的原因，如培训是为了降低生产成本或额外成本等。有许多方法可以确定收益：一是运用技术、研究及实践证实与特定培训计划有关的收益；二是在企业大规模投入资源前，通过实验性培训评价一部分受训者所获得的收益；三是通过对成功工作者的观察，确定其与不成功工作者绩效的差别。

三、管理人员的培训与开发

（一）管理人员培训与开发的特点

1. 重要性、效果的潜在性

目前，很多企业对管理人员的培训不是很重视，迷信个人经验，认为一个有几年的实际管理经验或基础工作经验的管理人员的经验放之四海而皆准，可以凭个人经验正确行事。而管理人员要真正胜任管理工作，必须开发出他的决策能力、组织协调能力、人事能力、沟通能力、洞察能力等。这些能力的开发必须接受专业人员、专业机构提供的专业培训。"管理出效益"，管理人员的培训和开发为企业带来的效益是深远和持久的，只是效果具有潜在性，可能在短时间内不会明显地表现出来。

2. 重点突出理论和理念

管理人员的开发与培训同普通员工相比，在培训内容上更突出对管理理论和理念的传输，使管理人员在管理方式和方法上得到提高。学习课程有管理与组织发展、经济分析与决策、市场管理、决策学、战略计划等，以提高管理人员的业务能力；也可以学习社会心理学和行为科学等课程。作为管理人员，除了提高管理能力外，还得做好人事工作，懂得如何激发下级的积极性，懂得如何处理好上下级的关系。

3. 培训时间有长有短，办学形式灵活多样

由于管理人员工作繁忙，很难抽出时间进行长时间的集中学习，企业管理人员的学习时间长短不一，机动灵活，短则数日、数周，长则数月、一年或两年。一般来说，期限较长的中、高级管理人员培训，学习内容与战略问题有关，期限较短的基层管理人员的学习重点是解决一两个技术性问题。

4. 管理人员培训与开发是企业整个培训工作中的一个重要组成部分

管理人员的培训与开发是整个培训工作的有机组成部分。企业在培训需求调查和制订培训计划时，既要考虑基层员工的培训，也要考虑管理人员的培训与开发，而且要把它放

在一个比较重要的地位。

（二）管理人员培训与开发的内容

针对不同层次的管理人员，培训与开发内容不同。

①基层管理人员培训与开发内容包括：生产管理、沟通技巧、协调技巧、时间管理、计划的制订和实施等。

②中层管理干部培训与开发内容包括：人力资源管理、市场营销、沟通技巧、时间管理、执行力培训、协调技巧等。

③高层管理人员培训与开发内容包括：宏观战略管理、组织行为学、领导科学、财务管理等。

（三）管理人员培训与开发的形式

管理人员培训与开发的形式有如下几种。

1. 在职开发

大多数管理人员的培训与开发是在工作中进行的。提高实际工作能力，熟悉企业的基本情况，积累管理经验，独立地展示自己的才能，也对下级进行实际的考察。这种方式的优点是：不会使替补训练的人产生不切实际的想法，也不会打击那些未被晋升的人的积极性。缺点是：开发和培训的系统性不足，不全面，不严格；培训和开发昂贵、费时、效率低；只局限于企业内部，对外界的新知识、新思维、新方法吸收不够。这种方式一般不单独使用。

2. 替补训练

替补训练是将每一名管理人员指定为替补训练者，在完成原有责任外，还要求熟悉本部门上级的工作。通过熟悉上级的工作，了解管理工作，从而锻炼管理能力。这种培训与开发方式的优点是：有利于管理的连续性，并且训练周密，管理人员在预定接替的工作环境和职位上工作，为管理人员指明了一条明确的晋升路线，有利于管理人员职业生涯的规划和发展；不会出现因上级管理人员离职而无人管理的现象。缺点是：将打击未被指定替补人员的积极性，引发员工内部的不当竞争，也使部分上级因害怕被替代而不愿意对替补训练者进行培养；也容易导致培训开发只局限于企业内部，对外界的新知识、新思维、新方法吸收不够；培训与开发比较分散。

3. 短期理论学习

短期理论学习是提高管理人员管理水平和理论水平的一种主要方法。它有助于提高受训员工的理论水平，了解某些理论的最新发展动态，并在实践中及时运用一些最新的管理理论和方法。主要方式是把管理人员集中数天、数周，按照明确的管理培训课程进行集中培训与开发。短期学习经常是委托专业培训机构、商学院进行的。优点是管理人员能在短时间里集中精力学习，短时间内提升快，学习内容集中，学习有针对性；缺点是管理人员需要脱离工作一段时间，而且学习内容与工作联系不是很紧密。这种培训与开发方式适合于专项学习。

4. 职务轮换

职务轮换是受训管理人员在不同部门的不同主管岗位或非主管岗位上轮流工作，使其全面了解整个企业的不同岗位的工作内容，获得不同的工作经验，为以后晋升高层次管理岗位做准备。职务轮换有三种情况：非主管岗位轮换、事先未规定的主管岗位间轮换、主管岗位间轮换。

（1）非主管岗位的轮换

即管理人员在企业的基层第一线进行轮岗。通过这种轮换，受训员工可以了解企业最基层的各类业务活动、工作流程，了解基层非主管人员的工作情况和精神状况。优点是：受训管理人员能了解企业的各种业务活动、工作流程，密切与基层员工的关系。不足是：时间不好控制，时间长了费用太大，也会影响受训者的积极性；时间短了，不容易了解和把握各类业务活动的实质，达不到培训的目的。这种培训与开发方式在中国企业使用较多。

（2）事先未规定的主管岗位间轮换

这种培训与开发方式，事先未规定受训管理人员到哪个主管岗位轮换和轮换时间，根据受训主管人员的具体情况来确定轮换岗位和时间长短。这种轮换方式需要培训主管部门制订计划和监控措施，经常对受训人员的情况进行评估，调整轮换岗位。不足之处是受训管理人员对培训工作无明确的时间划分，有时候影响工作安排。

（3）主管岗位间轮换

即受训人员在同一层次的各个不同部门的主管岗位上轮换。目的是使受训管理人员在不同的岗位上根据各个部门的不同特点，学习实际管理经验，积累不同部门的管理经验，全面提高管理技能。优点是：可以开阔受训管理人员的视野，培养全面管理能力。缺点是：轮换可能影响到各个部门的相对稳定性，各个部门轮换的时间也不好控制；轮换中的管理人员缺乏管理权限，不能承担真正进行管理工作时所负的责任，不能完全考察出受训人员的管理能力。

岗位轮换的目的有：使管理人员学会按照管理的原则从全局而不是从岗位方面来思考

问题；培养管理人员全面管理的能力和技巧。

5. 决策训练

决策训练即解决问题和处理问题的方法训练，让受训管理人员正确地掌握决策的步骤，如提出问题、提出假设、收集数据、制订方案、分析方案、选择方案、测定结果。这种培训与开发方法重在逻辑推理、数学模型、计算机和创造力分析等方面进行探索，目的是：提高决策的有效性，使受训管理人员形成科学的决策思维习惯和模式。缺点是：模型下的决策相对理想化，在实际操作中需要结合企业和行业的实际情况进行相应的校正。

6. 决策竞赛

培训中模拟出企业管理中常常发生的各种事件，让参加者做出决策。决策竞赛经常由许多人分成小组，由小组做出决策，各组之间展开比赛，看谁的决策效果最佳。决策竞赛能提高受训人员的思维能力、决策能力。

目前，国际上流行的一种决策竞赛是国际企业管理挑战赛（GMC）。竞赛的规则是：首先假定当前的经济条件、市场状况、生产设备、人员和资金情况，在指定的时间内，要求参赛者就销售、研发、人事、生产设备、服务等方面如何运用资金做出决策。其次将决策记录在专门的表格上并提交给裁判，由裁判输入计算机，计算机经过模拟运行后输出结果，包括新的市场供求状况、各小组（公司）的股价变化情况。最后将结果反馈给参赛者，让他们做出新的决策。如此循环，一般经过 30 轮左右的比赛确定胜负，整个比赛持续一年左右的时间。通过比赛，受训员工提高了在多种变化情况下的决策能力、协调能力、沟通能力等。

7. 角色扮演

角色扮演是管理人员培训与开发中常用的方法。角色扮演前，先要构造出一个类似于日常管理工作的特定情景，要求受训者将自己假设为该特定情景中的一个角色，然后在角色扮演中扮演和发展这个角色的行为，常应用于商业沟通、企业伦理、战略管理、多方谈判、环境问题管理、跨文化沟通等内容的培训。角色扮演是主动学习方法，通过让受训者扮演某一特定情景下的角色，营造出使受训者主动参与的学习环境，能促使受训者在特定情景的模拟中主动地投入学习活动，有助于受训者理解在解决或评价管理问题时所遇到的各种人际关系。角色扮演适合于学习和探索组织的人际心理因素在实际工作中所起的作用，通过角色扮演可以达到三个目的：一是使初学者获取其职业发展所需要的人际沟通技能与经验；二是探索现代组织中人际关系因素的相互作用；三是探索企业或组织机构制定决策的过程及其规律。角色扮演要想取得成功，需要指导教师具备较强的指导与控制能力。

8. 敏感性训练

敏感性训练是直接训练管理人员对其他人的敏感性。因为管理人员必须通过他人来完成任务，要想工作上取得成功，就必须重视上级、下级、同事的情感、态度和需求。敏感性训练经常准备有成套的边听边看的课程，并设计一些活动，让学员在相互影响的实践中，亲自体验相互影响是怎样进行的。敏感性训练强调的不是训练的内容，而是训练的过程；不是思想的训练，而是感情上的体验。这种培训方式需要受训人员认真体会，从内心深处产生共鸣，使自己以后在工作中利用正确的方式调动周围人员的积极性，共同完成生产、经营目标。

9. 跨文化管理训练

跨文化管理训练主要是跨国公司管理人员培训的重要内容，随着经济全球化进程的加快，这是企业跨国经营、发展的需要。培训的目的是让受训人员了解并尊重各国不同的文化、价值观念，使员工树立一种观念，即"各种文化没有好坏之分，只是各不相同，我们必须理解和尊重各自的文化"，在日常的管理工作中，与各国员工和平共处、顺利沟通、充分合作，共同完成企业的经营目标和发展。培训的方式有授课、讨论、观看录像，有条件的出国亲身体验。

10. 企业大学

企业大学又称公司大学，是指企业出资，以高级管理人员、一流商学院教授及专业培训师为师资，通过实战模拟、案例研讨、互动教学等实效性教育手段，对内部员工或外部合作伙伴进行企业文化培训、战略宣导、知识更新及工作能力开发，满足员工终身学习需要的一种新型教育、培训体系。

企业大学是企业为了应对不断变化的内、外部环境，增强竞争优势而采取的战略，在国际上比较流行。

纵观中外企业大学，根据不同的标准有不同的分类方法。下面按照两种维度进行分类。

第一，根据企业运营的内在特点和企业大学教学的主导内容，可分为：①生产技能型；②服务沟通型；③科技创新型。

第二，按照创建模式分类，可分为：①自主创建型；②校企合作型；③IT 导入型。其特点有大学性、企业性、针对性、虚拟性和合作性。

四、培训的组织管理工作

(一) 培训中的控制管理

控制管理是为了预防可能发生的组织、管理、实施过程中出现偏差，保证管理工作的效果和质量。而培训中的控制管理是保证培训工作按计划顺利进行，实现培训目的，提高和改善培训效果的保证。为了减少培训所造成的损失，及时纠正错误，培训中的控制管理采用阶段性控制和主动控制，在培训工作的各个阶段引进控制管理，以保证培训工作的顺利开展。具体来讲，就是在培训需求确定、培训目标确定、培训实施过程、培训考核和评估四个阶段实施控制管理。

1. 培训需求确定的控制

是否准确地确定培训需求直接影响着培训成本和效果，也是培训工作开展的第一个环节。在对培训需求进行确定时，应该进行控制管理，要求与培训工作有关的各个方面人员共同确定培训需求，即人力资源部培训主管、培训组织部门的组织者及其直接上级、岗位任职人员、直接主管上级、各级领导都参与到培训需求的工作中，共同确定培训需求，从而准确地确定培训需求，预测培训需求，制订培训计划。

2. 培训目标确定的控制

在准确地确定了培训需求后，接着需要正确地确定培训的目标。在确定培训目标时，也需要进行控制管理。也要求与培训工作有关的各个方面人员共同确定培训目标，即人力资源部培训主管、培训组织部门的组织者及其直接上级、岗位任职人员、直接主管上级、各级领导都认真确定培训目标，既要考虑员工的培训需求、员工的工作现状，同时需要结合培训的方式和方法、培训经费的预算，确定合理的培训目标，切忌目标过高或过于理想化。

3. 培训实施过程的控制

培训计划和培训目标都是通过具体的培训工作来实现的，在培训实施过程中，需要依据培训计划对培训的开展进行控制。控制内容主要有培训完成质量的控制、培训时间的控制、问题和反馈控制、受训员工出席培训课程的状况的控制、培训费用的控制等方面。

4. 培训考核和评估的控制

对培训考核和评估的控制是事后控制，虽然对本次培训过程没有实用价值，但对以后培训工作的提高具有重要意义，而且也可以对人力资源的其他相关工作提供有用的信息。

培训考核和评估的控制主要是严格按培训计划中的考核方式和方法进行考核、认真收集培训的有关信息、认真地进行考核评估、正式渠道公布培训考核结果并实施适当的奖惩办法。企业应该重视对培训考核和评估的控制工作，形成对培训考核和评估重视的氛围，以便在以后的培训工作中，受训员工和相关领导积极、严格地按培训要求参与培训工作，增强培训效果。

（二）培训师的选择和培训

培训计划的落实由培训师通过各种活动组织完成，培训师的知识面、业务熟悉程度、培训技能和技巧、个人魅力等方面影响着培训效果的好坏，所以对培训师的选择和培训是培训工作的重要内容。

1. 培训师的来源

培训师主要有两大来源：企业外部聘请和内部培训。这两种来源各有利弊，培训组织者应根据企业的实际情况，确定适当的内部培训师和外部培训师的比例，增强培训效果。

（1）外部聘请培训师

企业外部聘请培训师主要是高等学校的专业教师、专门的培训机构的培训教师和其他企业的行业专家。优点是：这类培训师理论水平高；擅长组织培训活动、幽默风趣；培训师能给企业带来许多新的理念；企业选择范围大；对受训对象有一定的吸引力。缺点是：培训费用较高，而企业对这类培训师了解不是很全面。

（2）内部培训师

内部培训师主要是人力资源部培训主管、企业的管理人员和业务专家。优点是：他们对企业文化、企业环境、培训需求、企业员工现状比较了解，能为受训员工带来大量的第一手的经验和知识；培训费用也比较低（多数费用包含在工资中），而且培训时间好安排；培训相对易于控制。缺点是：培训业务技巧可能比外部聘请培训师要差一些；企业对培训师的选择有限；培训师看问题有一定的局限性。

2. 培训师的选择标准

培训师必须具有较高的素质，才能适应培训教学的需要。企业在选择培训师时，虽然不能面面俱到，但可以参照以下标准进行。

①拥有培训热情和教学愿望，对培训有热情和兴趣；具有培训授课经验和技巧；能熟练运用培训中的培训教材与工具。

②具有良好的交流与沟通能力、组织能力、互动能力、表演能力、场面控制能力，能

很好地组织培训活动。

③善于在课堂上分析问题、解决问题，帮助学员解决工作中的难题；具有引导学员自我学习的能力和启发学员进行思维的能力。

④对培训内容所涉及的问题应有实际工作经验；积累与培训内容相关的案例与资料，充分挖掘学员工作中的案例。

⑤具备经济类、管理类和培训内容方面的专业理论知识，全面熟悉企业人力资源管理的相关内容。

⑥了解、熟悉、掌握培训内容所涉及的一些相关前沿问题，具有敏锐的洞察力、较强的学习能力和创新能力；充分了解当前国内外的宏观经济形势。

3. 培训师的培训

（1）培训培训师的意义

基于培训师对培训工作圆满完成的重要性，企业应该培训培训师。培训培训师有以下作用。

①给知识：传授知识，传授经验。

②给系统观念：新观念是旧元素的新组合，价值在于给出系统化的新思路。

③给思想：思想方法决定行为方式，培训师的行为包含着自己独特的思想理念，传达给学员。

④给体验：互动交流中，把自己的心得体会带给学员，共同创新。

（2）培训培训师的内容

①培训授课基本技巧。授课的基本技巧包括语言的使用技巧、体态、教材的编写、教学环境的布置、时间掌控技巧、授课进度的掌控技巧、课堂氛围的营造技巧、课间游戏设计和使用、授课的开头与结尾、课间提问技巧和答问技巧等内容。

②教学工具的使用培训。对培训工作中经常使用的投影仪、幻灯机、录像机、摄像机等工具操作使用的培训。

③培训内容的培训。针对不同来源的培训师进行相应培训内容的培训。对外部聘请的培训师进行企业的实际情况，如企业文化、规章制度、工作流程等内容培训；对内部培训师进行专业的理论新动向或新技术等知识的培训。

④其他与培训工作有关的专业知识培训。为了让培训师正常开展工作，可以对培训师进行企业内部战略规划、企业内部对象层次划分、培训管理等专业方面的培训。

⑤培训师职业道德的培训，如职业信条、职业操守，培训师的主要职责、历史使命等。

（3）培训培训师的方法

对培训师的培训可进行如脱产培训（参加人力资源管理方向的脱产学习）、在职培训（利用业余时间参加培训）、自学（直接主管指定学习资料，培训师自我学习）等。

（三）培训的成本管理

1. 培训成本预算

培训成本预算就是对培训项目进行成本—收益分析，主要是利用会计方法决定培训项目的经济收益的过程，从成本和收益两个方面进行考虑。

培训成本有直接成本和间接成本。主要有培训师费用、交通费用、培训项目管理费用、培训对象受训期间工资福利、培训中的各种开支、员工因参加培训代替他们工作的临时工的成本或产生的损失。

企业在进行成本预算时，要考虑以下因素：

①参加培训员工的数量和层次；

②每期有多少员工同时离岗培训，离岗时间多长；

③员工离开岗位，部门主管安排其他同事代替是否要额外支付报酬，整个培训项目中总共支付多少；

④培训师与受训员工的最佳比例是多少，最多可以容纳多少员工受训且不影响培训效果；

⑤参加培训计划的人员成本、设施费用、培训地点费用等；

⑥培训从计划设计、安排、协调、实施到培训评估所需要的时间、人力、物力；

⑦培训在哪些方面会产生直接和间接的效益，直接效益的计算方法；

⑧培训成本分担期限的界定及人数或成本中心的计算方式应合理确定；

⑨培训计划是企业自己设计还是参加企业外部专门培训结构的培训，或购买现成的训练套装，与培训人数、次数、培训目的、培训目标有关。

2. 计算培训成本

培训成本的计算有很多方法，目前比较常用的是资源需求模型计算法和会计计算法。

（1）资源需求模型计算法

该方法是通过对培训各个阶段（培训需求调查、培训项目设计、实施、培训评估）所需的设备、设施、人员和材料的成本的计算，得到整个培训总成本。该方法有助于明确不同培训项目成本的总体差异，以及不同阶段的成本。也可以利用该数据对培训的不同阶段进行调整。

（2）会计计算法

该方法是对培训过程中的各种成本利用会计方法进行计算，从而确定培训成本。计算的成本有培训项目开发或购买成本、向培训师和受训员工提供的培训材料成本、培训设备和硬件成本、设施成本、交通及住宿和用餐成本、受训员工及辅助人员工资、员工参加培训而损失的生产效益等。会计计算法计算培训成本浅显易懂，也便于掌握和操作，是运用比较多的计算方法。

3. 培训收益的估算

培训的收益有些是显性的，但大部分是隐性的、长远的。主要有时间效益（培训使员工任务完成的单位工作时间缩短）、质量效益（完成任务的质量的提高）、成本效益（因培训而减少受训员工的师傅及岗位领导辅导其工作期间的工资、奖金、补贴的减少）、经济效益（因培训提高了生产率、生产量、销售量而产生的经济效益的提高）、战略效益（培训为企业中远期的发展打下了智力基础，提高了员工的素质，增加了企业的整体工作效益和质量，增强了企业的生产竞争力和核心能力）等。

（四）培训效果评估

1. 培训效果评估机制的建立

培训效果的评估是所有培训工作的难点，从战术角度而言，问题常源自培训效果的测试难度。

因此，建立科学的效果评估机制须从以下两个方面入手。

（1）合理的评价指标体系

企业可以建立全面、科学的三级评价指标体系：一级评价的对象包括员工个人，该级指标主要包括员工参加培训的态度、考试或考核的成绩等，评价的结果应与员工的晋级及绩效工资直接挂钩；二级评价的对象是职能部门或分公司，该级指标主要包括各职能部门或分公司对培训的参与、支持程度及参训人员在培训中的表现及所得到的评价等，该级的评价结果则与部门的绩效奖金、部门领导的绩效评价相挂钩；三级评价的对象是整个公司，该级指标是公司整体培训效果。评价时应把定性评价与定量评价、短期评价与长期评价结合起来，同时采用联席评价会议的方式进行。该级评估结果仅作为公司的下一步培训改进借鉴之用，并作为公司档案保存，而不与任何单位、部门与个人的利益相挂钩。

（2）评估方式的正确选择

采用的评估方式主要有 4 种：后测、前后测、后测加对照组、前后测加对照组等。评估方式的选择不是任意的，应根据企业进行评估的目的选择。若评估目的是比较两个项目的效率或判断员工培训前后技能的变化，则采用相对严谨但费用较大的前后测加对照组方式；若为了测试培训成果转化后的职业行为是否达到绩效水平，则只需选择较便捷和节省费用的后测方式即可。总之，应尽量考虑到效果与效率。

2. 培训效果有关的信息种类

进行培训效果的评价，必须进行培训效果相关信息的收集，一般收集下面这些信息：

①培训及时性方面的信息，即培训的实施与需求在时间上是否相对应；

②培训目的和目标设置方面的信息，即培训目的和目标能否真正满足培训需求；

③培训内容设计方面的信息，即培训内容是否能达到培训目的，适合受训员工的培训需求；

④培训教材选用与编写方面的信息，即培训教材是否符合培训的需求，教材内容的深度和细致程度能否被受训员工接受，培训资料的印刷质量是否符合要求；

⑤培训师选配的信息，即培训师能否有能力完成培训工作，对受训员工基本情况、企业所在的行业情况和企业的基本情况是否熟悉，是否具有教学组织能力；

⑥培训时间的安排信息，即培训时机的选择是否得当、培训的具体时间安排和培训时间的长度是否合适；

⑦培训场地选择的信息，即培训场地是否适合培训的内容、形式、方法和经费预算；

⑧受训对象确定的信息，即受训对象是否是真正需要培训的员工，受训对象的层次选择是否恰当；

⑨培训形式选择方面的信息，即培训形式是否与培训内容、经费预算相符；

⑩培训的组织和管理方面的信息，即培训的后勤服务、培训整个组织和协调工作情况。

3. 培训效果信息的收集方法

确定了培训效果收集的信息后，就需要采用恰当的方法对培训效果信息进行收集。不同的培训，评估信息收集的渠道和收集的方法不同。经常采用的培训效果信息的收集方法有以下几种：

（1）资料收集法

常用的资料包括：①培训方案；②有关培训方案的领导批示；③培训的录音、录像；④培训需求的调查问卷、原始资料、统计分析资料；⑤培训实施人员写的会议纪要、现场记录；⑥培训教材和辅导资料；⑦培训考核或考评资料；⑧受训员工对培训的反馈意见。

（2）观察法

观察内容包括：①培训组织准备工作观察；②培训实施现场观察；③受训员工出勤情

况观察；④培训后受训员工工作效率、工作流程等的观察。

（3）访谈法

访谈对象包括：①受训员工；②培训师；③培训组织者；④受训员工的领导和下属。访谈内容包括：①培训需求定位是否正确；②培训时间、地点、长度、内容是否合理；③受训对象是否合理；④培训过程中后勤工作的优点和不足；⑤员工对培训工作的建议。

（4）调查法

调查内容包括：①培训需求；②培训组织情况；③培训内容和形式；④培训师的培训情况；⑤培训效果。

4. 企业培训效果评估结果的应用

企业对培训效果评估的结果可用于以下三个方面。

①总结经验教训，改进培训工作；

②反馈培训结果，提高组织绩效；

③宣传培训成果，争取更多支持。

员工培训是现代组织人力资源管理的重要组成部分，人是现代企业中最重要、最活跃的生产要素。培训是一项长期性的工作，要配合企业战略的落实，按需施教、学以致用，将考核与奖惩相结合，兼顾培训工作的经济性。培训可以按培训对象、培训与工作岗位关系及培训方式进行分类。根据受训者在培训活动中是否处于主体地位和培训进行的地点可以将培训分为课堂讲授培训、现场培训、自学，各种形式又有很多具体的方式。培训的方法有很多，常用的有管理案例法、课堂讲授法、研讨法、模拟法、实践法、游戏法等。

要完成一次培训工作，要经过培训需求分析、培训方法设计、培训资料开发、培训实施、培训工作评估等几个步骤。培训管理主要从培训中的控制管理、培训师的选择和培训、成本管理、效果评估几个方面进行。

管理人员的培训是企业员工培训中的重点内容之一，主要分为基层管理人员、中层管理人员、高层管理人员培训，各个层次培训内容不同。常用的培训方法有在职开发、替补训练、短期理论学习、职务轮换、决策训练、决策竞赛、角色扮演、敏感性训练、跨文化管理训练等。

第三章 员工激励与绩效管理

第一节 员工激励

一、激励的基本知识

激励是组织吸引、保留员工的重要手段,在员工的引进和绩效的提高方面有着不可替代的作用。但激励是一个界定比较宽泛、内容十分丰富的领域,许多专家在对激励的定义上存在较大的差异。

(一) 激励的内涵和定义

激励是指在外界环境等诱因的作用下,个体根据自己的内在驱动力量,通过运用一定的自我调控方式,从而达到激发、引导、维持和调节行为并朝向某一既定目标的过程。在该定义中,强调三个激发动机的因素,分别是内驱力、诱因和自我。

在现代企业管理中,激励的最简单的心理过程模式可以表示为:源于需要,始于动机。具体来说,就是员工个体首先因为自身内在或外在的需要而产生了一系列的动机;然后又由动机引导自己的行为,而这些行为都是个体为了达到某个目标的活动,借此满足自己的需要;最后这一行动又刺激和强化了原来的动机,从而形成一个循环。

从心理学的角度来分析激励过程,实质上就是心理学研究中的刺激变量、机体变量和反应变量之间的关系。

刺激变量是指能引起有机体反应的刺激特征。这些特征可以具有多种形式,主要包括可以变化与控制的自然和社会环境刺激。

机体变量是指个体自身的特征。主要包括物种特征(比如猴子与狗对同频率声波的感受性)和个体特征(比如性别、学历、动机、内驱力强度等)以及学习特征(如成功感、习得性无助感等)。

反应变量是指刺激引起在行为上发生变化的反应种类和特征。人的行为反应可分为言语行为反应和动作行为反应。

（二）激励的机制

1. 激励机制简述

现代组织行为学理论认为，激励的本质是调动员工去做某件事的意愿，这种意愿是以满足员工的个人需要为条件的。因此，激励的关键在于正确地把握员工的内在需求，并以恰当的方式去满足他们。

一般来说，激励机制主要包括诱导因素、行为导向制度、行为幅度制度、行为时空制度和行为规划制度五个方面的内容。

①诱导因素是用于调动员工积极性的各种奖酬资源。对诱导因素的提取，必须建立在对员工个人需要进行调查、分析和预测的基础上，然后根据组织所拥有的奖酬资源的实际情况设计各种奖酬形式，包括各种外在性奖酬和内在性奖酬。

②行为导向制度是指组织对其成员所期望的努力方向、行为方式和应遵循的价值观的规定。在组织中，由诱导因素诱发的个体行为可能会朝向各个方向，不一定都指向组织的目标方向。同时，个人的价值观也不一定与组织的价值观完全一致，这就要求组织在员工中培养一定的主导价值观。行为导向一般强调全局观念、长远观念和集体观念，这些观念都是为实现组织的各种目标服务的。

③行为幅度制度是指对由诱导因素所激发的行为在强度方面的控制规则。根据期望理论公式，对个人行为幅度的控制是通过改变奖酬与绩效之间的关联性以及奖酬本身的价值来实现的。根据斯金纳的强化激励理论，按固定的比率和变化的比率来确定奖酬与绩效之间的关联性，会对员工行为带来不同的影响。

④行为时空制度是指奖酬制度在时间和空间方面的规定。这方面的规定包括：特定的外在性奖酬与特定的绩效相关联的时间限制、员工与一定工作相结合的时间限制以及有效行为的空间范围。这样的规定可以使企业所期望的行为具有一定的持续性，并在一定的时间和空间范围内发生。

⑤行为规划制度是指对成员进行组织同化，对违反行为规范或达不到要求成员的处罚和教育。它包括对新成员在人生观、价值观、工作态度、合乎规范的行为方式、工作关系、特定的工作机能等方面的教育，使他们成为符合组织风格和习惯的成员，从而具有合格的成员身份。

2. 激励机制的实现途径

在实践应用中，结合管理学、心理学的激励理论，激励机制可以通过薪酬体系设计与管理、职业生涯管理和升迁变动制度、分权与授权机制等多个方面来实现。

（1）薪酬体系设计与管理

薪酬体系设计与管理是人力资源管理的核心职能模块，更是激励员工的重要手段和方式。而要实现薪酬最有效的激励效果，必须树立科学的薪酬分配理念，合理拉开分配差距，同时在企业中建立依靠员工业绩和能力来支付报酬的制度化体系。要实现这些目标，企业应该做到以下几点：①实现"职位分析—职位评价—职务工资设计一体化"；②实现"能力分析—能力定价—能力工资设计一体化"；③实现"薪酬与绩效考核的有机衔接"；④实现"薪酬与外部劳动力市场价格的有机衔接"；⑤将"员工的短期激励与长期激励有机结合"。

（2）职业生涯管理和升迁变动制度

传统的职业生涯通道建立在职务等级体系的基础上，是一种官本位式的职业生涯管理制度。一般来说，等级是呈金字塔形状分布的，在这样的职业生涯制度下，如果员工职务升迁无望，也就意味着其发展的意愿破灭，这一切就会导致员工的工作积极性下降，甚至滋生腐败。在现代企业中，我们主张建立多元的职业生涯通道，让员工在不同的职业通道内合理"分流"，在各自的通道内发展，得到同样的工资、奖金、地位、尊重等，从而达到激励效果。

（3）分权与授权机制

分权与授权机制主要是针对知识型员工的，也就是具有一定知识、技能和能力的员工。这些员工除了看重薪酬、职务升迁等因素之外，对工作的自主性、工作的参与权以及决策权也有很大的需求。企业建立恰当科学的分权与授权机制（主要包括员工在财务、人事和业务工作方面的权限），不仅可以较大幅度地提高组织运行的效率，同时还可以对员工起到较好的激励效果。

（三）激励的作用

对一个企业来说，科学有效的激励制度和方式、方法至少具有以下两个方面的作用。

1. 实现企业的经营目标

企业有了好的绩效才能生存。具体来说，有效的激励对企业实现其经营目标有以下作用。

（1）为企业吸引大批优秀的人才

在很多成熟型的企业中，激励措施有丰厚的薪酬福利待遇、优惠的各种政策、快捷的晋升途径和良好的发展前景等，这些都可以使企业在市场竞争中赢得大批优秀人才。

（2）协调企业目标和个人目标

在实际工作中，企业组织目标与个人目标之间既有冲突矛盾的一面又有一致和谐的一面。很多时候，往往因为利益分配不均导致企业的组织目标与员工的个人目标产生不一致甚至是相悖的情况。这个时候就需要通过一些合适的激励措施把个人目标和组织目标合二为一。同时，对与组织目标不一致的员工个人目标也应该区别对待。在不会对企业组织目标造成重大危害和负面影响的时候，企业应该承认其合理性，并在许可的范围内尽量帮助和支持员工去实现，这样可以更好地激发员工的工作积极性，进而提高员工对组织的忠诚度和归属感。

（3）形成良性竞争环境，保证员工完成个人绩效

科学的激励制度包含着竞争精神，它的运行能创造出一种良性的竞争环境，进而形成良性的竞争机制。在具有良性竞争机制的组织中，组织成员会受到环境的压力，在竞争机制的作用下，这种外在的环境压力将转变为促使其努力工作的动力。

2. 促进员工成长

每个员工都有自己的梦想，也都渴望得到能实现自我价值及别人肯定的工作。在日常工作中，我们经常看到这样一种现象：某些企业尤其是品牌企业，或许它们的薪酬、福利不是最高的，但它们却往往比那些高薪的企业更能吸引和留住人才。这是为什么呢？原因就在于企业的激励方式更有利于员工成长，很多员工在选择雇主时，相比普通的物质薪酬而言，更看重个人成长。

二、激励的理论

在学术界，激励理论一般有以下两种分法：一种是将激励理论分为行为激励理论、认知激励理论和综合型激励理论；另外一种是将其分为内容型激励理论、过程型激励理论和强化型激励理论。这里从心理学的角度对激励理论进行重新整合和划分。在此，将激励理论分为外在诱因激励理论、内驱力激励理论和自我调节激励理论三大类。

（一）外在诱因激励理论

1. 强化激励理论

强化激励理论的代表人物是斯金纳（B. F. Skinner），他也是行为主义学派极负盛名

的代表人物、世界心理学史上最为著名的心理学家之一。在哈佛大学攻读心理学硕士的时候，他受到了行为主义心理学的吸引，从此开启了心理学家生涯。他在华生等人的基础上向前迈进了一大步，提出了有别于华生和巴甫洛夫理论的另一种行为主义理论，即操作性条件反射理论。在此基础上，他提出了强化激励理论。

（1）强化激励理论的内容

斯金纳在对动物学习进行了大量研究的基础上提出了强化激励理论，该理论十分强调强化在学习中的重要性。斯金纳认为，强化就是通过"强化物"增强某种行为的过程，而强化物就是增加反应可能性的任何刺激。该理论认为人的行为是其所受刺激的函数。如果这种刺激对他有利，那么这种行为就会重复出现；若对他不利，则这种行为就会减弱直至消失。因此，管理者要采取各种强化方式使人们的行为符合组织的目标。根据强化的性质和目的，强化可以分为正强化和负强化两大类型。

①正强化。所谓正强化，就是奖励那些符合组织目标的行为，以使这些行为得到进一步加强，从而有利于组织目标的实现。正强化的刺激物不仅包含奖金等物质奖励，还包含表扬、提升、改善工作关系等精神奖励。

为了使强化达到预期效果，还必须注意实施不同的强化方式。有的正强化是连续的、固定的，譬如对每一次符合组织目标的行为都给予强化，或每隔一段固定的时间给予一定数量的强化。尽管这种强化有及时刺激、立竿见影的效果，但久而久之，人们就会对这种正强化有越来越高的期望，或者认为这种正强化是理所应当的。管理者需要不断加强这种正强化，否则其作用会减弱，甚至不再起到刺激行为的作用。

另一种正强化的方式是间断的、时间和数量都不固定的，管理者根据组织的需要和个人行为在工作中的反应，不定期、不定量实施强化，使每次强化都能起到较大的效果。实践证明，后一种正强化更有利于组织目标的实现。

②负强化。所谓负强化，就是惩罚那些不符合组织目标的行为，以使这些行为削弱甚至消失，从而保证组织目标的实现。实际上，不进行正强化也是一种负强化，譬如，过去对某种行为进行正强化，现在组织不再需要这种行为，但基于这种行为并不妨碍组织目标的实现，这时就可以取消正强化，使行为减少或者不再重复出现。负强化包含着减少奖酬或罚款、批评、降级等。

实施负强化的方式与正强化有所差异，应以连续负强化为主，即对每一次不符合组织要求的行为都及时予以负强化，消除人们的侥幸心理，减少直至消除这种行为重复出现的可能性。

（2）强化激励理论对企业管理的启示

在激励的实际应用中，强化激励理论给企业的启发在于，如何使强化机制协调运转并产生整体效应，为此，在运用该理论时应注意以下五个方面。

①应以正强化方式为主。在企业中设置鼓舞人心的安全生产目标是一种正强化方法，但要注意将企业的整体目标和员工个人目标、最终目标和阶段目标等相结合，并对在完成个人目标或阶段目标中做出明显绩效或贡献者，给予及时的物质和精神奖励（强化物），以充分发挥强化的作用。

②采用负强化（尤其是惩罚）手段时要慎重。负强化应用得当会促进安全生产，应用不当则会带来一些消极影响，它们可能使员工由于不愉快的感受而出现悲观、恐惧等心理反应，以致产生对抗性消极行为。因此，在运用负强化时，应尊重事实，讲究方式方法，处罚依据准确公正，尽量消除其副作用。实践证明，将负强化与正强化结合应用一般能取得更好的效果。

③注意强化的时效性。强化的时间对强化的效果有较大的影响。一般来说，及时强化可提高行为的强化反应程度，但须注意及时强化并不意味着随时都要进行强化。不定期的、非预料的间断性强化，往往可以取得更好的效果。

④因人制宜，采用不同的强化方式。由于人的个性特征及需要层次不尽相同，不同的强化机制和强化物所产生的效果会因人而异。因此，在运用强化手段时，应采用有效的强化方式，并随强化对象和环境的变化而进行相应调整。

⑤利用信息反馈增强强化的效果。信息反馈是强化人们行为的一种重要手段，尤其是在应用安全目标进行强化时，定期反馈可使员工了解自己参加安全生产活动的绩效及结果，既可使员工得到鼓励、增强信心，又有利于及时发现问题、分析原因、修正所为。

2. 目标激励理论

目标激励理论也称目标管理法（management by objectives），是由美国管理心理学家彼得·德鲁克（Peter F. Drucker）根据目标设置理论提出的目标激励方案。综合来说，目标激励理论认为组织群体共同参与并制定具体可行的、能客观衡量的目标是激励的关键之处。

（1）目标激励理论的内容

目标激励理论是在科学管理理论和行为科学管理理论的基础上形成的。它强调：凡是在工作状况和成果直接严重地影响公司生存和繁荣发展的地方，目标管理就是必要的，而且希望各位经理所能取得的成就必须来自企业目标的完成，同时他的成果必须用他对企业有多大贡献来衡量。

德鲁克认为，企业的目的和任务必须转化为目标，目标的实现者同时也应该是目标的制定者。首先，他们必须一起确定企业的航标，即总目标，然后对总目标进行分解，使目标流程分明。其次，在总目标的指导下，各级职能部门制定自己的目标。最后，为了实现各层目标必须把权力下放，培养一线员工的主人翁意识，以唤起他们的创造性、积极性和主动性。除此之外，绝对的自由必须有一个绳索——强调成果第一，否则总目标只是一种形式，而没有实质内容。企业管理人员必须通过目标对下级进行领导并以此来保证企业总目标的完成，如果没有方向一致的分目标来指导每个人的工作，则企业的规模越大、人员越多时，发生冲突和浪费的可能性就越大。只有每个管理人员和员工都完成了自己的分目标，整个企业的总目标才有完成的希望。企业管理人员对下级进行考核和奖励时也需要依据这些分目标。

（2）目标激励理论的主要观点

总体来说，目标激励理论有以下四种观点。

①明确的、具体的目标能提高员工的工作绩效。具体明确的目标要比笼统的、模糊不清的目标效果好，因为具体的目标规定了员工努力的方向和强度。如一个销售人员在有目标"一个月内销售 5000 件产品"时，比只有笼统目标"尽最大努力"做得更好。也就是说，目标的具体性本身就是一种内部激励因素。

②目标越具挑战性，绩效水平越高。该理论认为，如果能力和目标的可接受性不变，目标越困难，绩效水平就越高，即困难、压力越大，则动力越强。

③绩效反馈能带来更高的绩效。如果在朝向目标努力的过程中能得到及时反馈，人们会做得更好，因为反馈有助于了解已做的事和要做的事之间的差距，也就是说，反馈引导行为。

④通过参与设置目标，可以提高目标的可接受性。目标设置理论认为，在某些情况下，参与式的目标设置能带来更高的绩效；而在另一些情况下，上级指定目标时绩效更高。也就是说，参与目标不一定比指定目标更有效。但是，参与的一个主要优势在于提高了目标本身作为工作努力方向的可接受性，这是由于人们一般更为看重自己的劳动成果。如果人们参与目标设置，即使是一个困难的目标，相对来说也更容易被员工接受。因此，尽管参与目标不一定比指定目标更有效，但参与可以使困难目标更容易被接受。

（3）影响目标与绩效关系的主要因素

目标设置理论表明，除了明确性、挑战性和绩效反馈以外，还有三个因素影响目标和绩效的关系。

①目标承诺。目标设置理论的前提假设是每个人都忠于目标，即个人承诺不降低或不

放弃这个目标。因此，当目标是当众确定的、自己参与设置而不是指定的时，可能会产生出较高的工作绩效。

②自我效能感。自我效能感是指一个人对他能胜任工作的信心。自我效能感越高，对获得成功的能力就越有信心。研究表明，在困难情况下，具有高自我效能感的人会努力把握挑战，而自我效能感低的人则降低努力或放弃目标；同时，具有高自我效能感的人对消极反馈的反应是更加努力，而自我效能感低的人面对消极的反馈则可能降低努力程度，甚至偃旗息鼓，萎靡不振。

③个体差异。目标设置理论假设的条件是：下级有相当的独立性，管理者和下属都努力寻求挑战性的工作，管理者和下属都认为绩效非常重要。如果这些前提条件不存在（事实上也不一定存在），则有一定难度的具体目标不一定能带来员工的高绩效。

3. 双因素理论

（1）双因素理论的内容

20 世纪 50 年代末期，赫茨伯格和他的助手们在美国匹兹堡对 9 个企业中的 203 名工程师、会计师进行了调查访谈。结果他发现，使员工感到满意的都属于工作本身或工作内容方面；使员工感到不满的都属于工作环境或工作关系方面。他把前者叫作激励因素，后者叫作保健因素。

保健因素的满足对员工产生的效果类似于卫生保健对身体健康所起的作用。保健能消除有害健康的事物，不能直接提高健康水平，但有预防疾病的效果。因此，它不是治疗性的，而是预防性的。保健因素包括公司政策、管理措施、监督、人际关系、物质条件、工资、福利等。当这些因素恶化到人们认为可以接受的水平以下时，就会产生对工作的不满意。但是，当人们认为这些因素很好时，它只是消除了不满意，并不会导致满意。因此，赫茨伯格认为，传统的满意与不满意是相反概念的观点是不正确的。满意的对立面应当是没有满意，不满意的对立面应该是没有不满意。

在满意和不满意中，那些能带来积极态度、满意和激励作用的因素就叫作"激励因素"，这是那些能满足个人自我实现需要的因素，包括成就、赏识、挑战性的工作、增加的工作责任，以及成长和发展的机会。如果这些因素具备了，就能对人们产生更大的激励。

从这个意义出发，赫茨伯格认为传统的激励假设，如工资刺激、人际关系的改善、提供良好的工作条件等，都不会产生更大的激励。虽然它们能消除不满意，防止产生问题，但这些传统的"激励因素"即使达到最佳程度，也不会产生积极的激励。按照赫茨伯格的意见，管理当局应该认识到保健因素是必需的，不过它一旦使不满意中和，就不能产生更积极的效果，只有"激励因素"才能使人们有更好的工作成绩。

（2）对双因素理论的分析

①赫茨伯格双因素理论的贡献。赫茨伯格的双因素理论突破了传统两分法的局限，其贡献是显而易见的。

第一，满足各种需要所引起的激励深度和效果是不一样的。物质需要的满足是必要的，没有它会导致不满，但是即使获得满足，它的作用也往往是很有限的、不能持久的。

第二，要调动员工的积极性，不仅要注意物质利益和工作条件等外部因素，更重要的是注意工作的安排，适才适用，各得其所；注意对员工进行精神鼓励，给予表扬和认可；注意给员工以成长、发展、晋升的机会。用这些内在因素调动员工的积极性，才能起到更大的激励作用并维持更长的时间。

②对赫茨伯格双因素理论的批评。赫茨伯格的双因素理论虽然在国内外有很大影响，但也有人对它提出了各种各样的批评意见，归结起来，主要有以下三个方面。

第一，赫茨伯格调查取样的数量和对象缺乏代表性。样本数量较少，而且对象是工程师、会计师，他们在工资、安全、工作条件等方面都比较好。因此，这些因素对他们自然不会起到激励作用，但这显然不能代表一般员工的情况。

第二，赫茨伯格在调查时，设计问卷的方法和题目有缺陷。首先，根据归因理论，把好的结果归因于自己的努力，而把不好的结果归罪于客观的条件或他人身上是人们一般的心理状态，人们的这种心理特征在他的问题上无法反映出来。其次，赫茨伯格没有使用满意尺度的概念。人们对任何事物总不是那样绝对，一个人很可能对工作一部分满意，一部分不满意，或者比较满意，这在他的问卷中也是无法反映的。

第三，赫茨伯格认为，满意和生产率的提高有必然的联系，而实际上满意并不等于劳动生产率的提高，这两者并没有必然的联系。

（二）内驱力激励理论

相比于外在诱因激励理论来说，内驱力激励理论更强调在激励过程中个体内在意向所起的关键作用。内驱力激励理论主要包括马斯洛的需要层次理论、奥尔德弗的 ERG 理论、麦克利兰的成就需要理论、佛隆的期望理论等。

1. 需要层次理论

（1）需要层次理论的内容

在《人类动机理论》一书中，马斯洛提出了需要层次理论，他将人类的需要分为 5 个层次，即生理需要、安全需要、归属与爱的需要、尊重需要和自我实现的需要。

马斯洛的需要层次理论，假定人们会被激励起来去满足一项或多项在他们一生中很重要的需要。更进一步地说，人们对特定需要的强烈程度取决于它在需要层次中的地位，以及它和其他更低层次需要的满足程度。此外，马斯洛认为，激励的过程是动态的、逐步的、有因果关系的。比如，自我实现需要的产生有赖于前述四种需要的满足。

（2）需要层次理论对现代企业管理的启示

需要层次理论认为，这五种需要是以一种渐进的层次表达出来的，也就是说，必须满足低层次的需要，然后个体才会关注更高层次的需要。这一理论对现代企业管理的启示有以下三点。

首先，依据马斯洛需要层次理论，人的生理需要和安全需要是较低层次的"匮乏性的基本需要"，只有满足这两种需要员工才能有更高层次的需要。这就要求企业必须为员工提供一份稳定的工作和足够的薪酬，因为这些薪酬不仅满足了员工及其家庭的生存需要，同时也有助于巩固员工的安全感。

其次，管理者不要总是固执地认为，员工所关心和追求的仅仅是金钱及物质待遇，只要给钱，他们就会卖力干活，钱给得越多他们干活越卖力。随着现代社会物质财富日益丰富，人类素质不断提高，需要层次也逐渐从生理性的、安全的低级需要向高级的归属和爱的需要、尊重的需要和自我实现的需要演进；金钱和物质需要的比重不断下降，而团队、尊重、自我实现等精神性的需要比重则明显上升。

最后，高层管理人员和基本管理人员相比，前者更能满足他们较高层次的需求，因为高层管理人员面临着有挑战性的工作，在工作中能自我实现；相反，基本管理人员更多地从事常规性工作，满足较高层次需求就相对困难一些。这就需要在任务设置时应有意识地进行必要的内容调整。

2. ERG 理论

（1）ERG 理论的内容

奥尔德弗把人类的需要整合为三种需要，即生存（Existence）需要、相互关系（Relatedness）需要和成长（Growth）需要。因为这三种需要的英文首写字母分别为"E""R""G"，所以该理论被称为 ERG 理论。

奥尔德弗认为这三种需要之间是没有明显界限的，它们是一个连续体。ERG 理论的特点表现在它对各种需要之间内在联系的有力阐述上。

①各个层次的需要得到的满足越少，则这种需要就越为人们所渴望。比如，满足生存需要的工资越低，人们就越希望得到更多的工资。

②与马斯洛需要层次理论类似的是，个体的较低层次需要满足得越充分，则其对较高层次需要越强烈。比如，在 E、R 需要得到满足后，G 需要就会特别突出。

③对较高层次需要满足得越少，则对较低层次需要的渴求越强烈。

此外，奥尔德弗还认为在任何一段时间内，人都可以有一个或一个以上的需要同时发生作用，并且这些需要由低到高的顺序也并不一定那样严格，可以越级上升。

（2）ERG 理论对现代企业管理的启示

奥尔德弗的 ERG 理论告诉我们，企业管理人员应该了解员工的真实需要，这种需要和工作成果有着一定的关系。管理人员要想有效地掌控员工的工作行为或工作结果，首先需要从调查研究入手，了解员工的真实需要。其次，应该在调查研究的基础上，对员工的需要进行综合分析，同时考虑下属的个性心理特点，逐步合理地解决其问题，通过对员工需要的满足来达到控制员工行为的目的。需要本身就是激发动机的原始驱动力，一个人如果没有什么需要，也就没有什么动力与活力。反之，一个人只要有需要，就存在着可激励的因素。由于每一层次的需要包含了众多的需要内容，具有相当丰富的激励作用，就为管理者提供了设置目标、激发动机和引导行为的依据。此外，低层次需要满足后，又有上一层次需要继续激励，因而人的行为始终充满着内容丰富多彩、形式千变万化的激励方式。管理者要想对员工进行有效的激励，提高企业运作的有效性和高效性，就要将满足员工需要所设置目标与企业的目标密切结合起来。

3. 成就需要理论

（1）成就需要理论的内容

成就需要理论认为，个体在较高层次上存在三种需要，即权力需要、亲和需要和成就需要。

①权力需要。权力需要是指影响和控制别人的一种愿望或驱动力。不同的人对权力的渴望程度有所不同。一般来说，具有较高权力欲的人，对施加影响和控制他人表现出很大的兴趣，也就是通常所说的喜欢对别人"发号施令"，注重争取地位和影响力。他们喜欢具有竞争性和能体现较高地位的场合和情境，追求出色的成绩，但他们这样做并不是为了个人的成就感，而是为了获得地位和权力。

②亲和需要。很多教材将其翻译为归属需要，它是指寻求被他人喜爱和接纳的一种愿望和需要。具有这方面需要的人通常会从友爱、情谊、社会交往中得到欢乐和满足，也会设法避免被某个组织或社会团体拒之门外而带来的痛苦。

③成就需要。成就需要指个体追求成功的一种欲望。该理论认为具有强烈成就需要的人渴望将事情做得更为完美，提高工作效率，获得更大的成功，他们追求的是在争取成功的过程中克服困难、解决难题、努力奋斗的乐趣以及成功之后的个人成就感，而并不看重成功所带来的物质奖励。个体的成就需要与他们所处的经济、文化、社会的发展程度有

关，同时，社会风气也制约着人们的成就需要。

（2）成就需要理论的基本观点

①具有高成就需要的人更喜欢具有个人责任、能获得工作反馈和适度冒险性的环境。当具备了这些特征，高成就者的工作积极性会很高。例如，不少证据表明，高成就需要者在创新性活动中更容易获得成功。如开发新产品，管理一个大组织中的一个独立部门。

②高成就需要的人不一定就是一个优秀的管理者。尤其是在一个大组织中，高成就需要者感兴趣的是个人如何做好，而不是如何影响其他人。高成就需要的销售人员也不一定是优秀的销售管理者。

③权力需要与管理者的成功有密切关系。高权力需要可能是有效管理的必要条件，这种观点认为，一个人在组织中的地位越高，权力动机就越强。因此，有权和较高的职位是高权力需要者的激励因素。

④可以通过培训激发员工的成就需要。具有高成就需要的人才可以通过教育培训的方法加以培养。培训人员指导个人根据成就、胜利和成功来思考问题，并以高成就者的方式行动；设计具有个人责任、反馈和适度冒险性的环境；提供取得成就的榜样，刺激人们取得成功的愿望和行为。

4. 期望理论

（1）努力和绩效的关系

这两者的关系取决于个体对目标的期望值。期望值又取决于目标是否适合个人的认识、态度、信仰等个性倾向以及个人的社会地位、别人对他的期望等社会因素。

（2）绩效与奖励关系

人们总是期望在达到预期成绩后，能得到适当的合理奖励，如奖金、晋升、提级、表扬等。组织的目标，如果没有相应有效的物质奖励和精神奖励来强化，时间一长，员工的积极性就会消失。

（3）奖励和个人需要关系

奖励需要匹配各种人的不同需要，要充分考虑效价。要采取多种形式的奖励，满足各种需要，最大限度地挖掘人的潜力，最有效地提高工作效率。

由此可见，当一个人对某项结果的效价很高，并且判断自己获得这项结果的可能性也很大时，用这项结果来激励就会起到很好的作用。由此可见，要想使激励作用变得更大，效价和期望值也必须变高。

（三）自我调节激励理论

自我调节激励理论是激励理论的又一重要组成部分，该类激励理论侧重于研究人们从产生动机到实施行为的心理过程中个体的自我调节作用。自我调节激励理论主要包括公平理论、归因理论和自我效能感理论等。

1. 亚当斯的公平理论

（1）公平理论的内容

公平理论的基本要点是：人的工作积极性不仅与个人实际报酬有关，而且与人们对报酬的分配是否感到公平的关系更为密切。人们总会自觉或不自觉地将自己付出的劳动代价及其所得到的报酬与他人进行比较，并对公平与否做出判断。公平感直接影响职工的工作动机和行为。

①个人的主观判断。无论是自己的或他人的投入和报酬都是个人感觉，而一般人总是对自己的投入估计过高，对别人的投入估计过低。

②个人所持的公平标准。有人认为公平标准是贡献率，也有人认为应该以需要率、平均率为标准。就像有人认为助学金应改为奖学金才合理，有人认为平均分配才公平，也有人认为按经济困难程度分配才适当。

③绩效的评定。我们主张按绩效支付报酬，并且各人之间应相对均衡。但如何评定绩效？是以工作成果的数量和质量，还是按工作中的努力程度和付出的劳动量；是按工作的复杂和困难程度，还是按工作能力、技能、资历和学历。不同的评定办法会得到不同的结果，最好是按工作成果的数量和质量，用明确、客观、易于核实的标准来度量，但这在实际工作中往往难以做到，有时不得不采用其他的方法。

④与评定人有关。绩效由谁来评定？是领导者评定、群众评定还是自我评定？不同的评定人会得出不同的结果。同一组织内往往不是由同一个人评定，会因松紧不一、回避矛盾、姑息迁就、抱有成见等而采取不一样的评定标准。

（2）公平理论对现代企业管理的启示

公平理论在实践应用中对现代企业管理有着很多的启示。

第一，对赏罚制度的启示。无论在西方还是东方的文化背景下，公平都是企业管理中谈论得比较多的一个话题。

另外，员工的不公平感很大程度上来源于组织中不公平的制度。员工有功不奖，有过不罚，无功者受到表彰，这些随意的管理奖惩都是企业管理的大忌。尤其是当组织中的不良现象和行为较多时，员工就容易产生不公平感。组织要想解决这些不良现象，就需要在制度上建立起一套明确的赏罚制度，使广大员工真正感受到公平的氛围。

第二，对报酬分配的启示。

①按时间付酬时，收入超过应得报酬的员工的生产水平会高于收入公平的员工。按时

间付酬能使员工生产出高质量与高产量的产品。

②按产量付酬，将使员工为实现公平感而加倍努力，这会促使产品的质量或数量提高。然而，数量上的提高只能导致更高的不公平，因为每增加一个单位的产品，未来的付酬更多，因此，理想的努力方向应指向提高质量而不是提高数量。

③按时间付酬对收入低于应得报酬的员工来说，将降低他们生产的数量或质量。他们的工作努力程度也将降低，而且相比收入公平的员工来说，他们将减少产出数量或降低产出质量。

④按产量付酬时，收入低于应得报酬的员工与收入公平的员工相比，产量高而质量低。在计件付酬时，应对那些只讲产品数量而不管质量的员工，不实施任何奖励。

2. 归因理论

（1）归因理论的内容

归因（attribution）是指寻找已经产生的某种行为的原因，也就是通过分析来寻找可能归属的某一原因。归因理论（attribution theory）就是指由行为的结果来推断行为原因的过程，然后通过已成定局的成功或失败的结果来寻求最佳激励途径的一种理论。

1958 年，奥地利社会心理学家海德主张从行为结果入手探索行为的原因，从而倡导了归因理论。他将个人行为产生的原因分为内部和外部两大类，其中能力和努力属内部的，任务难度和运气属外部的，这就是单维度归因理论。维纳（Wiener）认为单维度归因是片面的，不能表征事件原因的所有属性。1972 年，他在海德研究的基础上，提出了自己的归因理论，该理论说明的是归因的维度及归因对成功与失败行为的影响。维纳认为内外因和稳定性是人们在进行归因时所应考虑的两个维度，这两个维度互相独立。

此外，维纳还论述了人们如何归因对其今后成就行为的影响。例如，把成功归于内部的稳定因素（如能力），会使个体感到自豪，觉得自己的聪明导致了成功；相反，把成功归于外部的不稳定因素（如运气），则会对未来类似活动上的成功不敢肯定，引起担心的情绪情感体验。而把自己的失败归于内部稳定因素，会使个体产生羞耻感，引起无助、忧郁的情绪情感体验；相反，把自己的失败归因于外部的不稳定因素，则会对未来类似活动的成功期望值不至于过低，会继续努力，有助于保持乐观的情绪情感体验。

（2）归因理论对现代企业管理的启示

归因理论在实践应用中对现代企业管理有着很多启示，具体来说，有以下三点。

①招聘选拔过程中注意归因的个体差异。个体对事件的归因存在着个体差异。简单说，个体对结果的解释分为两种，即内因和外因，他们所对应的个体归因风格即为内控型和外控型。个体的内控程度越强，就越倾向于相信自己可以采取措施，如提高自身能力或

增加努力程度来完成任务，以达到较高的绩效水平；而外控者往往会消极地认为是外界的控制导致较低的绩效水平。因此，组织在招聘过程中，可以挑选在归因风格上表现出内控倾向的员工来从事那些对员工素质要求较高、工作环境较差、需要挑战性和创造性的工作。

②培训开发过程中加强归因风格的训练。不同的归因方式对个体的情绪、动机、行为以及结果有不同的影响。因此，在人力资源管理过程中，如何趋利避害，使员工形成正确的归因风格以利于工作的开展就变得尤为重要。通过归因训练（即通过一定的训练程序，使个体掌握某种归因技能，形成比较积极的归因风格）可以帮助员工形成正确的归因风格，以提高工作积极性和取得高绩效。

③绩效评估过程中防范各种归因偏差。在现实的人力资源管理实践中，特别是在对员工的绩效考评过程中，由于受管理者主客观条件的限制，在归因过程中难免会出现诸多偏差。因此，防范这些偏差以及消除因此而带来的消极后果就成了管理实践的一个重要课题。

3．自我效能感理论

（1）自我效能感的定义

自我效能是指个体对其组织和实施达成特定目标所需行为过程的能力的信念。班杜拉（Bandura）认为个体的行为是受行为的结果因素与先行因素双重影响的。行为的结果因素就是通常所认为的强化，行为主义观点认为强化是形成新行为的关键原因，但班杜拉认为预期是认知和行为的中介，是行为出现概率的决定性因素。该理论认为，在学习中即使没有强化也能获得有关的信息并形成新的行为，而强化只是可以激发和维持行为的动机以控制和调节人的行为。因此班杜拉认为，行为出现的概率是强化的函数这一观点是不确切的，因为行为的出现不是由于随后的强化，而是由于人们在认识到行为与强化之间的依赖关系后产生了对下一步强化的期望。正是这种期望对行为出现的概率起到了关键性的作用。

（2）影响自我效能感的因素

以班杜拉为代表的西方学者研究指出，影响自我效能感形成的因素主要有以下四点。

①个人自身以往的成败经验。该效能信息源对自我效能感的影响最大。以往的成功经验是自我效能感形成的重要前提，它为个体提供判断并构成自我效能感的行为信息。一般来说，成功经验会提高效能期望，反复的失败会降低效能期望。但有研究表明，事情并非如此简单。因为成功的经验对效能期望的影响还要受个体归因方式的左右，如果个体把成功的经验归因于外部的不可控因素，那么这种成功的经验就不会增强效能感，同样，如果

个体把失败归因于内部的可控因素，也不一定会降低个体的自我效能感。

②模范或替代。学习和工作中的很多知识和经验并不需要通过亲身实践而形成，可通过对别人行为的观察和模仿而获得。复旦大学管理学院教授姚凯认为，榜样的成就和行为给观察榜样的人展示了成功所需要采取的策略，为观察者提供了比较和判断自己能力的标准。同时，观察和模仿也为个体提供了一种只要通过努力就能成功的信念。这些替代性信息对观察者，尤其是那些缺乏经验的新手而言，具有更大的意义。

③言语劝说。言语劝说虽然不能直接提高个体的智力与技能水平，但可以通过别人的劝说，使个体对已有的能力产生更加客观和积极的评价，从而改变自己的行为。

④个体生理与情绪的状态。个体对生理、心理的主观知觉都会影响自我效能感。比如员工在焦虑、害怕或紧张的时候容易降低个人的自我效能感，疲劳和疼痛也会导致员工自我效能感降低。

第二节　绩效管理

一、绩效管理概述

（一）绩效管理的含义、内容和目的

1. 绩效管理的含义

绩效管理（performance management）就是指制定员工的绩效目标并收集与绩效有关的信息，定期对员工的绩效目标完成情况作出评价和反馈，以确保员工的工作活动和工作产出与组织保持一致，进而保证组织目标完成的管理手段与过程。

在现实中，人们对绩效管理存在许多片面的甚至错误的看法。要想完整、准确地理解绩效管理的含义，需要很好地把握绩效管理各方面的内容。

2. 绩效管理的内容

对绩效管理，人们往往把它等同于绩效考核，认为绩效管理就是绩效考核，两者并没有什么区别。其实，绩效考核只是绩效管理的一个组成部分，最多只是一个核心的组成部分而已，代表不了绩效管理的全部内容。

（1）绩效计划

绩效计划（performance planning）是整个绩效管理系统的起点，它是指在绩效周期开始时，由上级和员工一起就员工在绩效考核期内的绩效目标、绩效过程和手段等进行讨论并达成一致。当然，绩效计划并不是只在绩效周期开始时才会进行的，实际上它会随着绩效周期的推进而不断做出相应的修改。

（2）绩效跟进

绩效跟进（performance follow-up）是指在整个绩效期间，通过上级和员工之间的持续沟通来预防或解决员工实现绩效时可能发生的各种问题的过程。

（3）绩效考核

绩效考核（performance appraisal）是指确定一定的考核主体，借助一定的考核方法，对员工的工作绩效做出评价。

（4）绩效反馈

绩效反馈（performance feedback）是指绩效周期结束时在上级和员工之间进行绩效考核面谈，由上级将考核结果告诉员工，指出员工在工作中存在的不足，并和员工一起制订绩效改进的计划。绩效反馈的过程在很大程度上决定了组织实现绩效管理目的的程度。

3. 绩效管理的目的

绩效管理的目的主要体现在三个方面：战略、管理与开发。绩效管理能把员工的努力与组织的战略目标联系在一起，通过提高员工的个人绩效来提高企业整体绩效，从而实现组织战略目标，这是绩效管理的战略目的；通过绩效管理，可以对员工的行为和绩效进行评估，以便适时给予相应的奖励以激励员工，其评价的结果是企业实行薪酬管理、做出晋升决策以及保留或解雇员工的决定等重要人力资源管理决策的重要依据，这是绩效管理的管理目的；在实施绩效管理的过程中，可以发现员工存在的不足，在此基础上有针对性地进行改进和培训，从而不断提高员工的素质，达到提高绩效的目的，这是绩效管理的开发目的。

（二）绩效的性质

绩效具有多因性、多维性和动态性三个性质。

1. 多因性

绩效的多因性是指绩效的优劣并不由单一因素决定，而是受组织内外部因素共同作用的影响。影响绩效的外部因素主要包括社会环境、经济环境、国家法规政策以及同行业其他组织的发展情况等；内部因素主要包括组织战略、组织文化、组织架构、技术水平以及管理者领导风格等。但并不是所有影响因素的作用都是一致的，在不同情景下，各种因素对绩效的影响作用各不相同。在分析绩效差距时，只有充分研究各种可能的影响因素，才能抓住影响绩效的关键因素，从而对症下药，更有效地对绩效进行管理，促进绩效水平的持续改进。

2. 多维性

绩效的多维性指的是评价主体需要多维度、多角度地去分析和评价绩效。组织绩效应当包括三个方面，即有效性、效率和变革性。有效性指达成预期目的的程度；效率指组织使用资源的投入产出状况；而变革性则指组织应付将来变革的准备程度。这三个方面相互结合，最终决定一个组织的竞争力。对员工个人绩效，在对其进行评价时，通常需要综合考虑员工的工作结果和工作态度两个方面。对工作结果，可以通过对工作完成的数量、质量、效率以及成本等指标进行评价。对工作态度，可以通过全局意识、纪律意识、服从意识以及协作精神等评价指标来衡量。根据评价结果的不同用途，可以选择不同的评价维度和评价指标，并根据期望目标与实际值之间的绩效差距设定具体的目标值和相应的权重。

3. 动态性

绩效的第三个特征是动态性，员工的绩效会随着时间的推移发生变化，原来较差的绩效有可能好转，而原来较好的绩效也可能变差。因此，在确定绩效评价和绩效管理的周期时，应充分考虑到绩效的动态性特征，具体情况具体分析，从而确定恰当的绩效周期，保证组织能根据评价的目的及时、充分地掌握组织不同层面的绩效情况，减少不必要的管理成本。此外，在不同的环境下，组织对绩效不同内容的关注程度也是不同的，有时侧重于效率，有时侧重于效果，有时则兼顾多个方面。无论是组织还是个人，都必须以系统和发展的眼光来认识和理解绩效。

（三）影响绩效的主要因素与绩效诊断

1. 影响绩效的主要因素

（1）技能

技能指的是员工的工作技巧和能力水平。一般来说，影响员工技能的主要因素有天赋、智力、经历、教育、培训等。因此，员工的技能不是一成不变的，组织可以通过各种方式来提高员工的整体技能水平。一方面，可以通过招聘录用阶段的科学甄选；另一方面，可以为员工提供满足其工作所需的个性化培训或通过员工自身主动地学习来提高其工作技能。同时，员工技能的提高可以加速组织技术水平的提升，从而对组织绩效产生积极的影响。

（2）激励

激励（motivation）作为影响绩效的因素，是通过提高员工的工作积极性来发挥作用的。为了使激励手段能够真正发挥作用，组织应根据员工个人的需求结构、个性等因素，选择适当的激励手段和方式。

（3）环境

影响工作绩效的环境（environment）因素可以分为组织内部的环境因素和组织外部的环境因素两类。组织内部的环境因素一般包括劳动场所的布局和物理条件，工作设计的质量及工作任务的性质，工具、设备以及原材料的供应，企业的组织结构和政策，工资和福利水平，培训机会，企业文化和组织气氛等。组织外部的环境因素包括社会政治经济状况、市场的竞争强度等。不论是组织内部的环境因素还是组织外部的环境因素，都会通过影响员工的工作行为和工作态度来影响员工的绩效。

（4）机会

与前面三种影响因素相比，机会（opportunity）是一种偶然性因素。机会能促进组织的创新和变革，给予员工学习、成长和发展的有利环境。在特定的情况下，员工如果能得到机会去完成特定的工作任务，可能会使其达到在原有职位上无法实现的工作绩效。在机会的促使下，组织可以拓展新的发展领域，加速组织绩效的提升，因此，无论是对组织还是个人，机会对绩效的影响都是至关重要的。

2. 绩效诊断

所谓绩效诊断，是指管理者通过绩效评价，判断组织不同层面的绩效水平，识别低绩效的征兆，探寻导致低绩效的原因，找出可能妨碍评价对象实现绩效目标的问题所在。对低绩效员工可从以下三个角度进行绩效诊断：一是员工个人的因素，包括知识、技能和态度等，具体可能表现为从事工作所需要的知识和技能不足，缺乏工作动机，工作积极性不高等；二是管理者的因素，比如指令不清楚、目标不明确、缺乏必要的指导等；三是环境因素，比如战略不清晰，流程不顺畅，文化冲突等。绩效诊断对组织而言非常重要，可及时发现问题并采取相应措施，在改进员工个人绩效的同时，促进群体和组织绩效水平的提高，从而持续提高整个组织的人力资源素质、增强组织的核心竞争力。因此，绩效诊断对于组织中的各级管理者来说，既是必备的技能，更是应负的责任。

（四）绩效管理的意义

作为人力资源管理的一项核心职能，绩效管理具有非常重要的意义，这主要表现在以下四个方面。

1. 绩效管理有助于提升企业绩效

企业绩效是以员工个人绩效为基础而形成的，有效的绩效管理系统可以改善员工的工作绩效，进而有助于提高企业的整体绩效。目前在西方发达国家，很多企业纷纷强化员工绩效管理，把它作为增强公司竞争力的重要途径。

2. 绩效管理有助于保证员工行为和企业目标的一致

企业绩效的实现有赖于员工的努力工作，人们对此早已形成共识，但是近年来的研究表明，两者的关系并不像人们想象中那么简单，而是非常复杂的。在努力程度和公司绩效之间有一个关键的中间变量，即努力方向与企业目标的一致性。如果员工的努力程度比较高，但是方向却与企业的目标相反，则不仅不会增进企业的绩效，相反还会产生负面作用。

保证员工行为与企业目标一致的一个重要途径就是绩效管理。由于绩效考核指标对员工的行为具有导向作用，因此通过设定与企业目标一致的考核指标，就可以将员工的行为引导到企业目标上来。例如，企业的目标是提高产品质量，如果设定的考核指标只有数量而没有质量，员工就会忽视质量，从而影响到企业目标的实现。

3. 绩效管理有助于提高员工的满意度

提高员工的满意度对企业来说具有重要意义，而满意度是与员工需要的满足程度联系在一起的。在基本的生活得到保障以后，按照马斯洛的需要层次理论，每个员工都会有尊重需要和自我实现的需要，绩效管理则从两个方面满足了这种需要，从而有助于提高员工的满意度。首先，通过有效的绩效管理，员工的工作绩效能不断地得到改善，这可以提高他们的成就感，从而满足自我实现的需要；其次，通过完善的绩效管理，员工不仅可以参与管理过程，而且可以得到绩效的反馈信息，这能使他们感到自己在企业中受到重视，从而满足了尊重需要。

4. 绩效管理有助于实现人力资源管理的其他决策的科学、合理

绩效管理可以为人力资源管理的其他职能活动提供准确、可靠的信息，从而提高其他决策的科学性和合理性。

（五）绩效管理与人力资源管理其他职能的关系

绩效管理在企业的人力资源管理系统中占据着核心位置，发挥着重要的作用，并与人力资源管理的其他职能活动存在着密切关系。

1. 与职位分析的关系

职位分析是绩效管理的基础。在绩效管理中，对员工进行绩效考核的主要依据就是事先设定的绩效目标，而绩效目标的内容在很大程度上来自通过职位分析所形成的职位说明书。借助职位说明书来设定员工的绩效目标，可以使绩效管理工作更有针对性。

2. 与人力资源规划的关系

绩效管理对人力资源规划的影响主要表现在人力资源质量的预测方面，借助绩效管理系统，能对员工目前的知识和技能水平作出准确的评价，为人力资源供给质量和人力资源需求质量的预测提供有效的信息。

3. 与招聘录用的关系

绩效管理与招聘录用的关系是双向的。首先，通过对员工的绩效进行评价，能对不同的招聘渠道的质量进行比较，从而实现对招聘渠道的优化。其次，对员工绩效的评价是检测甄选录用系统效度的一个有效手段。最后，招聘录用也会对绩效管理产生影响，如果招聘录用的质量比较高，员工在实际工作中就会表现出良好的绩效，这样就可以大大减轻绩效管理的负担。

4. 与培训开发的关系

绩效管理与培训开发也是相互影响的。通过对员工的绩效做出评价，可以发现培训的"压力点"，在对"压力点"做出分析之后就可以确定培训的需求；同时，培训开发也是改进员工绩效的一个重要手段，有助于实现绩效管理的目标。

5. 与薪酬管理的关系

绩效管理与薪酬管理的关系是最直接的，按照赫茨伯格的双因素理论，如果将员工的薪酬与绩效挂钩，使薪酬成为工作绩效的一种反映，就可以将薪酬从保健因素转变为激励因素，从而使薪酬发挥更大的激励作用。此外，按照公平理论的解释，支付给员工的薪酬应当具有公平性，这样才可以更好地调动员工的积极性，为此就要对员工的绩效作出准确的评价，一方面，使员工的付出能得到相应的回报，实现薪酬的自我公平；另一方面，也使绩效不同的员工得到不同的报酬，实现薪酬的内部公平。

6. 与人员调配的关系

企业进行人员调配的目的就是实现员工与职位的相互匹配。通过对员工进行绩效考核，可以确定员工是否胜任现有的职位，也可以发现员工适宜从事哪些职位。

二、绩效计划

（一）绩效计划概述

1. 绩效计划的定义

绩效计划是整个绩效管理过程的开始，这一阶段的主要任务是制订绩效计划，也就是说要通过上级和员工的共同讨论，确定员工的绩效考核目标和绩效考核周期。对绩效计划的定义，我们可以做以下理解：第一，绩效计划是对整个绩效管理过程的指导和规划，是一种前瞻性的思考。第二，绩效计划包含以下三个部分内容：员工在考核周期内的绩效目标体系（包括绩效目标、指标和标准）、绩效考核周期；为实现最终目标，员工在绩效考核周期内应从事的工作和采取的措施；对绩效跟进、绩效考核和绩效反馈阶段的工作做一个规划和指导。第三，绩效计划必须由员工和管理者双方共同参与，绩效计划上有关员工绩效考核的事项，如绩效目标等，须经双方共同确认。第四，既然是前瞻性思考，就有可能出现无法预料的事情，所以绩效计划应该随着外界环境和企业战略的变化而随时进行调整，不能墨守成规。

2. 绩效计划的作用

绩效计划对整个绩效管理工作的成功与否甚至组织的发展都具有重要影响，主要体现在以下几个方面：①制订行动计划，指导整个绩效管理环节的有效实施；②增强后续工作的计划性，有效降低浪费和冗余；③设定考核指标和标准，有利于组织对员工工作的监控和指导，同时也为考核工作提供了衡量指标和标准，使考核得以公正、客观、科学，容易获得员工的接受；④员工参与计划的制订，增强员工的参与感和受重视感，同时也提高了员工对绩效目标的承诺；⑤绩效计划是将组织战略目标和员工的考核指标相结合的重要环节，只有经过这一环节，才能使绩效考核和绩效管理上升到组织战略的高度，有助于组织战略目标的实现。

（二）绩效计划的主要内容

绩效计划的主要内容有绩效考核目标体系的构建、绩效考核周期的确定和对绩效管理其他三个环节工作的初步规划。这里我们仅就绩效考核目标体系的构建和绩效考核周期的确定两部分内容进行阐述。

1. 绩效考核目标

绩效考核目标也叫绩效目标，是对员工在绩效考核期间工作任务和工作要求所做的界定。这是对员工进行绩效考核时的参照系。绩效目标由绩效内容和绩效标准组成。

（1）绩效内容

绩效内容界定了员工的工作任务，也就是说员工在绩效考核期间应当做什么事情，它包括绩效项目和绩效指标两个部分。

绩效项目是指绩效的维度，也就是说要从哪些方面来对员工的绩效进行考核。按照前面所讲的绩效的含义，绩效的维度，即绩效考核项目有三个：工作业绩、工作能力和工作态度。

绩效指标是指绩效项目的具体内容，它可以理解为对绩效项目的分解和细化，例如，对某一职位，工作能力这一考核项目就可以细化为分析判断能力、沟通协调能力、组织指挥能力、开拓创新能力、公共关系能力以及决策行动能力这六项具体指标。

对工作业绩，设定指标时一般要从数量、质量、成本和时间四个方面进行考虑；对工作能力和工作态度，则要具体情况具体对待，根据各个职位不同的工作内容来设定不同的指标。绩效指标的确定，有助于保证绩效考核的客观性。确定绩效指标时，应当注意以下四个问题。

①内涵明确、清晰。应对每一个绩效评价指标规定明确的含义，以避免不同的评价者对评价指标的内容产生不同的理解，从而减少评价误差的产生。绩效评价指标的表达应明确、清晰，用于定义评价指标的名词应准确，没有歧义，使评价者能轻松地理解它的含义，不会有模棱两可的感觉。

②具有独立性。各个评价指标尽管有相互作用或相互影响、相互交叉的内容，但一定要有独立的内容，有独立的含义和界定。

③具有针对性。评价指标应针对某个特定的绩效目标，并反映相应的绩效标准。因此，应根据岗位职能所要求的各项工作内容及相应的绩效目标和标准来设定每一个绩效评价指标。

④易于衡量。评价绩效指标应当有利于以最有效的方式来提供关于绩效的必要信息。设计绩效指标时应当将成本、准确性和所需数据的可获得性等问题考虑在内。

（2）绩效标准

设定了绩效指标之后，就要确定绩效指标达成的标准。绩效标准是对员工工作要求的进一步明确，即对员工绩效内容作出明确的界定：员工应当怎样来做或者做到什么程度。

确定绩效标准时，应当注意以下三个问题。

①绩效标准应当明确。按照目标激励理论的解释，目标越明确，对员工的激励效果就越好，因此在确定绩效标准时应当具体清楚，不能含混不清，这就要求尽可能地使用可量

化的标准。

②绩效标准应当适度。制定的标准要具有一定的难度，但员工经过努力可以实现，通俗地讲就是"跳一跳可以摘到桃子"。这同样源自目标激励理论的解释，目标太容易或者太难，对员工的激励效果都会大大降低，因此绩效标准应当在员工可以实现的范围内确定。

③绩效标准应当可变。这包括两层含义。一是指对同一个员工来说，在不同的绩效周期，随着外部环境的变化，绩效标准有可能也要变化，例如对空调销售员来说，由于销售有淡季和旺季之分，因此淡季的绩效标准就应当低于旺季。二是指对不同的员工来说，即使在同样的绩效周期，由于工作环境不同，绩效标准也有可能不同。仍以空调销售员为例，有两个销售员，一个在昆明工作，一个在广州工作，由于气候原因，昆明的人们对空调基本上没有需求，而广州的需求则比较大，因此这两个销售员的绩效标准就应当不同，在广州工作的销售员，绩效标准就应当高于在昆明工作的销售员。

（3）绩效目标的 SMART 原则

对绩效目标的设计要求，一般可以概括为以下五个原则，简称"SMART 原则"。

第一，目标明确具体原则（Specific）。绩效目标必须是具体的，以保证其明确的牵引性。由于每位员工的具体情况不同，绩效目标要明确地、具体地体现出管理者对每一位员工的绩效要求。

第二，目标可衡量原则（Measurable）。绩效目标必须是可衡量的，必须有明确的衡量指标。所谓衡量，就是指员工的实际绩效表现与绩效目标之间可以进行比较。

第三，目标可达成原则（Attainable）。绩效目标必须是可以达成的，不能因指标无法达成而使员工产生挫折感，但这并不否定其应具有挑战性。

第四，目标相关原则（Relevant）。绩效目标必须是相关的，它必须与公司的战略目标、部门的任务及职位职责相联系。

第五，目标时间原则（Time-based）。绩效目标必须是以时间为基础的，即必须有明确的时间要求。

2. 绩效考核周期

绩效考核周期也叫绩效考核期限，是指多长时间对员工进行一次绩效考核。由于绩效考核需要耗费一定的人力、物力，因此考核周期过短会增加企业管理成本的开支；但绩效考核周期过长又会降低绩效考核的准确性，不利于员工工作绩效的改进，从而影响到绩效管理的效果。因此，在准备阶段，还应当确定恰当的绩效考核周期。

在确定绩效考核周期时，要考虑以下三个因素。

（1）职位的性质

不同的职位，工作的内容是不同的，因此绩效考核的周期也应当不同。一般来说，职位的工作绩效比较容易考核，考核周期相对要短一些，如工人的考核周期相对就应当比管理人员的短。另外，职位的工作绩效对企业整体绩效的影响是比较大的，考核周期相对要短一些，这样有助于及时发现问题并进行改进，如销售职位的绩效考核周期相对就应当比后勤职位的短。

（2）指标的性质

不同的绩效指标，其性质是不同的，考核的周期也应当不同。一般来说，性质稳定的指标，考核周期相对要长一些；相反，考核周期相对就要短一些。例如，员工的工作能力比工作态度相对稳定一些，因此能力指标的考核周期相对比态度指标的考核周期就要长一些。

（3）标准的性质

在确定考核周期时，还应当考虑绩效标准的性质，就是说考核周期的时间应当保证员工经过努力能实现这些标准，这一点其实是与绩效标准的适度性联系在一起的。例如"销售额为 50 万元"这一标准，按照经验需要 2 周左右的时间才能完成，如果将考核周期定为 1 周，员工根本就无法完成，如果定为 4 周，又非常容易实现，在后两种情况下，对员工的绩效进行考核都是没有意义的。

（三）绩效计划的工具

1. 关键绩效指标（KPI）

随着管理实践的不断发展和成熟，绩效管理也逐渐上升到战略高度，强调对企业战略规划的承接。管理学界探索各种评估方法，将结果导向和行为导向的评估方法的优点相结合，强调工作行为和目标达成并重。在这种背景下，关键绩效指标应运而生。

（1）关键绩效指标的基本内涵

关键绩效指标是衡量企业战略实施效果的系统性关键指标，它是战略目标通过层层分解产生的可操作性的指标体系。其目的是建立一种机制，将企业战略转化为内部过程和活动，不断增强企业的核心竞争力，使企业持续发展。可从以下三个方面深入理解其具体含义。

①关键绩效指标是衡量企业战略实施效果的关键的指标体系。这包含三个层面的含义：首先，关键绩效指标的功能用来衡量企业战略实施效果，是战略导向的；其次，关键绩效指标强调关键，即最能有效影响企业价值创造的关键驱动因素，是对企业成功具有重

要影响的方面；最后，关键绩效指标是一套指标体系，体系里面包含了所有对企业成功具有重要影响的衡量指标。

②关键绩效指标体现的是对组织战略目标有增值作用的绩效指标。关键绩效指标是连接个人绩效和企业战略目标的桥梁，可以引导员工真正做出有利于组织战略目标实现的行为。

③关键绩效指标是用于评价和管理员工绩效的可量化的和可行为化的标准体系。关键绩效指标体系是用来对员工的工作行为和工作结果进行衡量的，指标必须是可以量化或可行为化的，否则便无法用来衡量和考核。

（2）基于关键绩效指标的绩效指标体系设计

关键绩效指标体系作为一种系统化的绩效指标体系，包括三个层面的指标：企业级关键绩效指标、部门级关键绩效指标和个人级关键绩效指标。三个层面由上至下，由宏观到微观，层层传递；由下至上，由微观到宏观，层层支撑，形成一个相互联系的系统。

①企业级关键绩效指标体系的确定。关键绩效指标的建立是一项专业的工作，一般需要聘请外部专家进行指导。通过关键成功分析法选择关键绩效指标，有以下四个步骤。

第一步，专家与企业高层领导一起明确企业未来的发展方向和战略目标。基于企业的战略目标，借助鱼骨图法或头脑风暴法分析企业获得成功的关键业务重点，这些业务领域就是公司的关键结果领域（Key Result Areas），以此确定关键绩效指标维度。这一步通常需要思考两个问题：企业的成功靠什么？企业未来追求的目标是什么？

第二步，进一步分解，把关键结果领域层层分解为关键绩效要素（Key Performance Factors），即确定关键绩效指标要素。关键绩效要素是对关键结果领域的细化和描述，主要回答以下几个问题：每个关键成功领域包括哪几个方面的内容？如何保证在该领域获得成功？达成该领域成功的关键措施和手段是什么？达成该领域成功的标准是什么？

第三步，为了便于对这些要素进行量化考核，再将这些要素细分为各项指标，即关键绩效指标。但是针对每一要素，都可能有很多指标可以反映其特性，所以要对这些指标进行筛选，选择最终的关键绩效指标。确定关键绩效指标时应遵循 SMART 原则。

第四步，对每项最终选择的关键绩效指标设置评价标准，即各个指标应该达到什么样的水平。综合以上各种因素，得出企业级关键绩效指标汇总表。至此，一个完善的企业级关键指标体系才算完成。

需要注意的是，企业级关键绩效指标体系的确定不是一蹴而就的，需要经过试运行，然后收集相关人员的意见，对初步建立的指标体系进行补充、修改、完善，最后确立稳定可行的关键绩效指标体系。另外，指标体系应该与组织的战略目标保持一致，而组织的战略会随着内外环境的变化而变化，所以指标体系也不是一成不变的，应该随着战略的变化而进行调整。

②部门级关键绩效指标的确定。得出企业级关键绩效指标以后，部门管理人员应该在专家的指导下，将企业级关键绩效指标分配或分解到相应的部门，形成部门级关键绩效指标。具体做法是，确认企业级关键绩效指标是否可以直接由部门承担，可以承担的，就可以直接过渡为部门级关键绩效指标；不能直接承担的，可以按组织结构分解或按主要流程分解。

③个人级关键绩效指标的确定。按照相同的办法，将部门级关键绩效指标进行承接或分解，形成个人级关键绩效指标。

需要注意的是，部门级关键绩效和个人级关键绩效指标都来源于企业级关键绩效指标，所以部门级关键绩效指标和个人级关键绩效指标理应随着企业级关键绩效指标的改变而进行适时调整。

2．平衡计分卡

平衡计分卡以企业的战略和使命为基础，依托企业战略，对每项战略进行分解，制定衡量指标和目标值，同时配之以达成目标的行动方案，形成一套对战略进行衡量的考核指标体系。平衡计分卡从四个层面来衡量企业的绩效：财务层面、客户层面、内部流程层面和学习与成长层面。这四个层面将财务指标和非财务指标有机结合在一起，打破了以财务指标为核心的传统的绩效管理系统框架。并且，平衡计分卡将企业的战略目标和绩效评价指标紧密联系起来，对员工的行为起着更明确的导向作用，有助于企业战略目标的实现。同时，平衡计分卡实现了财务指标和非财务指标的平衡、组织内外部指标的平衡、前置指标和滞后指标的平衡、长期指标和短期指标的平衡。

①财务层面。财务层面衡量公司的财务和利润情况，考察战略的实施和执行能否为最终经营成果的改善做出贡献，财务层面是其他层面的目标和指标的核心。财务层面的最终目标是利润最大化。不同类型的企业在不同的发展时期会有不同的财务目标，但是一般而言，可以将财务目标分成收入增长、生产率提高、成本下降、资产利用、风险管理等主题，企业可以从中选择适当的财务目标。

②客户层面。客户层面反映了企业吸引客户、保留客户和提高客户价值方面的能力。企业应该首先确定自己的目标客户和细分市场，然后针对目标客户确定自己的客户价值主张，卡普兰和诺顿提供了四种通用的价值主张，即竞争战略、总成本最低战略、产品领先战略、全面客户解决方案和系统锁定战略。

③内部流程层面。内部流程层面反映了企业内部运营的资源和效率，关注使企业绩效

更好的决策和行动过程，特别是对顾客满意度和股东满意度有重要影响的流程。内部流程可以分为四类：运营管理流程、客户管理流程、创新流程以及法规与社会流程。内部流程是企业改善经营业绩的重点，常见的指标包括产品合格率、生产周期、新产品开发速度、出勤率等。

④学习与成长层面。学习与成长层面描述了前面三个层面的基础架构，是驱使前三个层面获得成功的内在动力。学习与成长层面关注组织未来的发展潜力，主要有三个来源：人、系统和组织程序。相对于其他层面而言，该层面可以考虑选用的指标有员工的满意度、保留率、战略信息覆盖率、战略目标的一致性等。

平衡计分卡四个层面的指标和目标都来源于组织的使命、愿景和战略，是对使命、愿景、战略的分解、细化和现实支撑。四个层面内部存在层层支撑、层层传递的内在联系，构成了一个紧密联系、有机统一的整体。

（四）绩效计划的基本过程

在制订计划时，管理人员需要根据上一级部门的目标，并围绕本部门的职责、业务重点以及客户（包括内部各个部门）对本部门的需求来制定本部门的工作目标。然后，根据员工所在职位的职责，将部门目标分解到具体责任人，形成员工的绩效计划。因此，绩效目标大致有三个主要来源：一是上级部门的绩效目标；二是职位职责；三是内外部客户的需求。管理人员在制订绩效计划时，一定要综合考虑以上三个方面。一般来说，绩效计划包括三个阶段：准备阶段、沟通阶段、绩效计划的审定与确认阶段。

在准备阶段，管理人员需要了解组织的战略发展目标和计划、企业年度经营计划、部门的年度工作重点、员工所在职位的基本情况、员工上一绩效周期的绩效考核结果等信息。同时，管理人员还需要决定采用什么样的方式来进行绩效计划的沟通。

在沟通阶段，管理人员与员工主要通过对环境的界定和对能力的分析，确定有效的目标，制订绩效计划，并就资源分配、权限、协调等可能遇到的问题进行讨论。在一般情况下，绩效计划沟通时应该至少回答这几个问题：该完成什么工作？按照什么样的程序完成工作？何时完成工作？需要哪些资源与支持？

在绩效计划的审定与确认阶段，管理人员需要与员工进一步确认绩效计划，形成书面的绩效合同，并且管理人员和员工都需要在该文档上签字确认。需要补充的是，在实际工作中，绩效计划并非一经订立就不可改变，环境总是在不断发生变化的，在绩效计划的实施过程中往往需要根据实际情况及时调整。

绩效计划的结果是绩效合同，所以很多管理人员过分关注最终能否完成绩效合同。实际上，最终的绩效合同很重要，制订绩效计划的过程也非常重要。在制订绩效计划的过程中，管理人员必须认识到，绩效计划是一个双向沟通过程，一方面，管理人员需要向员工沟通部门对员工的期望与要求；另一方面，员工也需要向管理人员沟通自己的认识、疑惑、可能遇到的问题及需要的资源等。

三、绩效跟进

管理者和员工经过沟通达成一致的绩效目标之后，还需要不断地对员工的工作表现和工作行为进行监督管理，监控过程中的绩效，才能帮助员工获得最终的优秀绩效。在整个绩效考核周期内，管理者采用恰当的领导风格，积极指导下属工作，与下属进行持续的绩效沟通，预防或解决实现绩效计划时可能发生的各种问题，以期更好地完成绩效计划，这个过程就是绩效跟进，也称为绩效监控。在绩效跟进的阶段，管理人员要选择合适的领导风格、与员工持续沟通、辅导与咨询、收集绩效信息等。这几个方面也是决定绩效跟进过程中的监管是否有效、跟进是否成功的关键点。

（一）选择合适的领导风格

在绩效跟进阶段，领导者要选准适当的领导风格，指导下属的工作，与下属进行沟通。在这一过程中，领导者处于极为重要的地位，领导者的行为方式和处事风格会极大地影响下属工作的状态，这要求领导者能在适当的时候采取适当的领导风格。

领导情景理论由保罗·赫塞（Paul Hersey）和肯·布兰查德（Ken Blanchard）于1969年开发，该理论获得了广泛认可。领导情景理论认为，领导的成功来自选择正确的领导风格，而领导风格有效与否还与下属的成熟度相关。所谓下属的成熟度，是指员工完成某项具体任务所具备的能力和意愿程度。针对领导风格，赫塞和布兰查德根据任务行为和关系行为两个维度将其划分为四种不同的领导风格，分别是：指示型（高任务—低关系）、推销型（高任务—高关系）、参与型（低任务—高关系）、授权型（低任务—低关系）。

领导情景理论比较重视下属的成熟度，这实际上隐含了一个假设：领导者的领导力实际上取决于下属的接纳程度和能力水平。而根据下属的成熟度，也就是员工完成任务的能力和意愿程度，可以将下属分成四种。

R1：下属无能力且不愿意完成某项任务，这时是低度成熟阶段。

R2：下属缺乏完成某项任务的能力但愿意从事这项任务。

R3：下属有能力但不愿意从事某项任务。

R4：下属有能力并愿意完成某项任务，这时是高度成熟阶段。

领导情景理论的核心就是将四种基本的领导风格与员工的四种成熟度阶段相匹配，为领导者根据员工的不同绩效表现做出适当回应提供了帮助。随着下属成熟度的提高，领导者不但可以减少对工作任务的控制，而且可以减少关系行为。具体来讲，在 R1 阶段，采用给予下属明确指导的指示型风格；在 R2 阶段，领导者需要高任务—高关系的推销型风格；到了 R3 阶段，参与型风格的领导最有效；而当下属的成熟度达到 R4 阶段，领导者无须再做太多的事情，只需授权即可。

（二）与员工持续沟通

在绩效跟进的过程中，管理人员与员工需要进行持续的沟通。持续沟通主要具有以下目的：①通过持续沟通对绩效计划进行调整；②通过持续沟通向员工提供进一步的信息，为员工绩效计划的完成奠定基础；③通过持续沟通让管理人员了解相关信息，以便日后对员工的绩效进行客观的评估，同时也在绩效计划执行发生偏差的时候及时了解相关信息，并采取相应的调整措施。

一般来说，管理人员与员工的持续沟通可以通过正式的沟通与非正式的沟通来完成。正式的沟通有：①书面报告，如工作日志、周报、月报、季报、年报等；②会议；③正式面谈。非正式的沟通方式多种多样，常用的非正式沟通方式有走动式管理、开放式办公室、休息时间的沟通、非正式的会议。与正式的沟通相比，非正式的沟通更容易让员工开放地表达自己的想法，沟通的氛围也更加宽松活跃。管理人员应该充分利用各种各样的非正式沟通机会。

（三）辅导与咨询

1. 辅导

绩效辅导就是在绩效跟进过程中，管理者根据绩效计划，采取适当的领导风格，对下属进行持续的指导，确保员工工作不偏离组织战略目标，并提高其绩效周期内的绩效水平以及长期胜任素质的过程。要想成为一名合格的指导者，并不一定需要成为该领域的专家。对员工进行指导关注的基本问题是帮助员工学会发展自己：通过监控员工的工作过程，发现员工存在的问题，及时对员工进行指导，培养其工作中所需的技巧和能力。优秀的指导者或管理者应该在以下三个层次上发挥作用。

①与员工建立一对一的密切联系，向他们提供反馈，帮助员工制定能"拓展"其目标的任务，并在他们遇到困难时提供支持。

②营造鼓励员工承担风险、勇于创新的氛围，使他们能从过去的经验中学习。这包括

让员工反思他们的经历并从中获得经验，从别人身上学习，不断进行自我挑战，并寻找学习新知识的机会。

③为员工提供学习机会，使他们有机会与不同的人一起工作。把他们与能帮助其发展的人联系在一起，为他们提供新的挑战性工作以及创造接触某些平时很难见到的人或情境的机遇。

2. 咨询

有效的咨询是绩效管理的一个重要组成部分。在绩效管理实践中，当员工没能达到预期的绩效标准时，管理者借助咨询来帮助员工克服工作过程中遇到的障碍。在进行咨询时要做到：第一，咨询应该及时，也就是说，应该在问题出现后立即进行咨询；第二，咨询前应做好计划，咨询应在安静、舒适的环境中进行；第三，咨询是双向交流，管理者应该扮演"积极的倾听者"的角色，使员工感到咨询是开放的，并鼓励员工多发表自己的看法；第四，不要只集中在消极的问题上，谈到好的绩效时，应比较具体，并说出事实依据，而对不好的绩效应给予具体的改进建议；第五，要共同制订改进绩效的具体行动计划。

咨询过程包括三个主要阶段：①确定和理解，即确定和理解所存在的问题；②授权，帮助员工确定自己的问题，鼓励他们表达这些问题，思考解决问题的方法并采取行动；③提供资源，即驾驭问题，包括确定员工可能需要的其他帮助。

（四）收集绩效信息

在绩效跟进阶段，管理者收集和记录数据，一方面是为了保证绩效评价有明确的依据，避免出现传统绩效评价中根据主观臆断或对绩效表现的回忆来评价员工绩效的现象。管理者持续不断地收集信息，特别是记录员工在实现绩效目标过程中的关键事件，从而确保评价结果的公正及可信度。另一方面，管理者通过持续地收集信息，记录关键事件，诊断员工的绩效，进而达到改进绩效的目的。

1. 信息收集的内容

信息收集并不是一种疯狂的收集过程，收集信息同样需要占用组织的资源，而几乎所有组织的资源都是有限的。在这种情况下，就需要确定收集什么样的信息。这取决于组织的目标，并且主要强调的是与绩效管理有关的信息。绩效评价是一项鉴定活动，因此一定要讲求证据，要使员工的业绩活动得到真实而具体的反映，并成为员工行为是否符合绩效标准最有力的佐证，只有这样才能确保员工对绩效评价结果的认可度，并为相应的人力资源管理决策提供可靠的决策依据。管理者在收集信息时，要注意目标完成情况、证明绩效水平的具体证据、对解决问题有帮助的一些数据、关键事件的具体描述等方面的信息。

2. 信息收集的方法

管理者为了获得员工绩效的信息，可以做以下工作。

①定期安排与员工的会面，来评价他们的绩效。

②对照事先建立的职位说明书或行动计划检查工作的进展，考察是否达到了目标。

③回顾在评价周期开始的时候形成的报告或者目标列表。

④到各处巡视工作的进展情况，并与员工进行非正式的讨论。

⑤从与员工共事的其他人那里得到对员工本人的反馈（正式或非正式的）。

⑥检查工作的产出和结果，以检查其质量或者准确性。

⑦要求员工做工作进展报告。

⑧提出要求后，检查任务完成情况，或者看是否有需要帮助员工解决的问题。

⑨通过分析工作结果、讨论改进方案，评价工作任务或绩效目标完成的情况。

⑩关注顾客的投诉率和满意度，评价、检查员工的绩效。

当然，绩效管理主管也可以通过不同的信息渠道获得信息，主要的信息渠道有员工的主管、员工自身、下级、同事以及与被收集者有关的外部人员等。

在各种收集信息的方法中，观察一般是最可靠的。观察是一种收集信息的特定方式，通常是由管理者亲眼所见、亲耳所闻，而不是从别人那里得知。不过，由于管理者的时间和精力有限，不可能事事都观察或监控到，所以要结合其他方法。当然，在使用其他方法进行信息收集时，对信息的准确性要进行基本的判断，不能不加判断就完全相信并加以应用。

四、绩效考核

（一）绩效考核步骤

一般而言，企业在进行绩效考核时，要经过五个步骤。这五个步骤以及每个步骤需要从事的工作内容如下：

1. 确立目标

这一步骤需要明确组织的战略目标，选择考核对象。这一过程主要是在绩效计划中，使用平衡计分卡和关键绩效指标两种考核工具实现的。考核指标体系的建立源于组织的使命和战略目标。

2. 建立评价系统

建立评价系统包括三个方面的内容：确定评价主体，构建评价指标体系，选择适当的考核方式。

3. 整理数据

把在绩效跟进阶段所收集到的数据进行整合与分析，按照考核指标和标准进行界定、归类。在这一过程中，要尽量减少主观色彩，以客观事实和客观标准来进行，以保证最终考核结果的公正、客观。

4. 分析判断

在这一阶段，需要对信息进行重新整合，按照所确定的评价方式对评价对象进行最终判断。

5. 输出结果

考核结束后，需要得出一个具体的考核结果，考核结果既要包括绩效得分和排名，同时也应该对绩效结果进行初步分析，找出优秀或不足的原因，以供后面的反馈和改进之用。

（二）绩效考核过程中的关键点

绩效考核是一项系统工程，包括多项工作，只有每一项工作都落实到位，考核工作才能有实效。具体而言，绩效考核主要包含考核对象的确定、考核内容的确定、考核主体的确定、考核方法的选择。

1. 考核对象的确定

在企业中，考核对象一般包括组织、部门和员工三个层面。针对不同的对象，考核内容也会有所不同。绩效计划阶段中所提到的两种绩效考核工具——平衡计分卡和关键绩效指标，很好地将三个层面的绩效考核指标结合了起来。一般来说，企业在绩效管理过程中，首先应该考虑组织层面的考核，然后关注部门层面的考核，最后再关注员工层面的考核。

2. 考核内容的确定

这里以员工的绩效考核为例，说明考核内容的确定。

根据绩效考核的定义可以发现，考核主要针对三个部分内容：工作能力、工作态度和工作业绩。所以，考核的内容理应包括工作能力、工作态度和工作业绩。其中，工作能力和工作态度主要通过胜任素质来考核。

所谓工作业绩，也就是员工的直接工作结果。结果在某种程度上体现了员工的工作能力和工作态度。对员工的工作业绩进行评价，可以直观地说明员工工作完成的情况，更重要的是，工作业绩可以作为一种信号和依据，提示员工可能存在的需要提高和改进的地方。一般而言，我们可从数量、质量和效率三个方面出发来衡量员工的业绩。但是不同类型工作的业绩体现也有所不同，例如，销售人员和办公室工作人员的业绩就不能用同一套指标和标准来衡量。所以一定要针对不同的岗位设计合理的考核指标体系，才能科学、有效地衡量员工的业绩。尽可能量化要考核的业绩方面，对实在不能量化的方面，也要建立统一标准，尽可能客观。

3. 考核主体的确定

考核主体是指对员工的绩效进行考核的人员。由于企业中岗位的复杂性，仅一个人很难对员工作出全面的绩效考核。为了确保考核的全面性、有效性，在实施考核的过程中，应该从不同岗位、不同层次的人员中，抽出相关成员组成考核主体并使其参与到具体的考核中。

一般来说，考核主体包括五类成员：上级、同事、下级、员工本人和客户。

（1）上级

上级是最主要的考核主体。上级考核的优点是：由于上级对员工承担直接的管理责任，因此他们通常最了解员工的工作情况；此外，用上级作为考核主体还有助于实现管理的目的，保证管理的权威。上级考核的缺点是：上级领导往往没有足够的时间来全面观察员工的工作情况，考核信息来源单一；容易受到领导个人的作风、态度以及对下属员工的偏好等因素的影响，产生个人偏见。

（2）同事

同事考核的优点是：由于同事和被考核者在一起工作，因此他们对员工的工作情况比较了解；同事一般不止一人，可以对员工进行全方位的考核，避免个人偏见，此外，还有助于促使员工在工作中与同事配合。同事考核的缺点是：人际关系的因素会影响考核的公正性，与自己关系好的就给高分，不好的就给低分；大家有可能协商一致，相互给高分；还有可能造成相互的猜疑，影响同事关系。

（3）下级

用下级作为考核主体的优点是：可以促使上级关心下级的工作，建立融洽的员工关系；由于下级是被管理的对象，因此最了解上级的领导管理能力，能发现上级存在的问题。下级考核的缺点是：由于顾及上级的反应，往往不敢真实地反映情况；有可能削弱上级的管理权威，造成上级对下级的迁就。

（4）员工本人

用员工本人作为考核主体进行自我考核的优点是：能增加员工的参与感，加强员工的自我开发意识和自我约束意识；有助于员工接受考核结果。员工本人考核的缺点是：员工对自己评价往往容易偏高；当自我考核和其他主体考核的结果差异较大时，容易引起矛盾。

（5）客户

用客户作为考核主体，就是由员工服务的对象来对员工的绩效进行考核，这里的客户不仅包括外部客户，还包括内部客户。客户考核的优点是：有助于员工更加关注自己的工作结果，提高工作的质量。客户考核的缺点是：客户更侧重于员工的工作结果，不利于对员工进行全面评价，此外，有些职位的客户比较难以确定，不适于使用这种方法。

由于不同的考核主体收集考核信息的来源不同，对员工绩效的看法也会不同。为了保证绩效考核的客观、公正，应当根据考核指标的性质来选择考核主体，选择的考核主体应当是对考核指标最了解的。

4. 考核方法的选择

绩效管理中绩效考核的方法有很多种，每一种绩效考核的方法都有自身的特点，同时都有自己的适用对象和适用范围。要对员工工作绩效进行客观、公正的考核分析，就要在多种考核方法中进行选择。下面介绍几种常用的绩效考核方法。

（1）直接排序法

直接排序法是一种相对比较简单的方法，主要是将员工按照某个评估因素从绩效最好的员工到绩效最差的员工进行排序。该方法是一种定性评价方法。

①做法。将所有参加评估的人选列出来，就某一个评估要素展开评估，首先找出该因素上表现最好的员工，将其排在第一的位置，再找出在该因素上表现差的员工，将他排在最后一个位置，然后找出次最好、以最差，以此类推。评估要素可以是整体绩效，也可以是某项特定的工作或体现绩效的某个方面。

②优点。比较容易识别好绩效和差绩效的员工。如果按照要素细分进行评估，可以清晰地看到某个员工在某方面的不足，有利于绩效面谈和改进；适合人数较少的组织或团队，如某个工作小组和项目小组。

③缺点。当需要评估的人数较多、超过20人时，此种排序工作比较烦琐，尤其是要将细分要素进一步展开的时候。严格的名次界定会给员工造成不好的印象，最好和最差比较容易确定，但中间名次是比较模糊和难以确定的，不如等级划分那样比较容易使人

接受。

（2）关键绩效指标考核法

①关键绩效指标考核法的概念。关键绩效指标考核法是通过对工作绩效特征进行分析，并总结出具有代表性的几个关键指标，然后把这些指标作为基础进行绩效考核的方法。

关键绩效指标是衡量企业战略实施效果的关键指标，其目的是建立一种机制，将企业战略转化为企业的内部过程和活动，以不断增强企业的核心竞争力和持续地提高效益。首先，关键绩效指标来自员工的工作岗位责任，是对其中少数关键岗位的描述；其次，关键绩效指标的来源是组织或者部门总目标，是该工作岗位的员工对公司战略目标价值的体现；最后，关键绩效指标来源于业务流程的最终目标，反映该岗位的人员对流程终点的支持或服务价值。

②关键绩效指标考核法的考核程序。

A. 设计绩效指标。绩效指标设计的基本步骤可分为六步。第一步，确定影响公司战略目标的关键因素。第二步，确定关键的成功因素与业务流程之间的关系。将关键成功因素与内部流程联系起来，可以清晰地看到各流程对关键成功因素和关键利益等相关方的影响，以及在实现整体公司策略中所扮演的角色。第三步，确定各流程的关键控制点和控制内容。每个流程由三个部分组成：投入、过程和结果。流程本身主要加以控制的部分包括过程和结果。因此要想让流程合理、高效并达到目的，除了对其结果进行控制之外，还需要对其过程经历的时间、花费的成本、可能产生的风险进行控制，这样才能保证流程最终促成企业实现关键成功因素。因此，在对各主要业务流程进行分析时，主要从时间、成本、风险、结果四方面考虑是否需要对这些因素进行控制。第四步，根据对每个流程关键控制点的分析和相关的控制点，设定初步的绩效指标。第五步，测试、修正和筛选各项指标。对初步选定的绩效指标进行筛选，对不符合原则的指标进行修改或淘汰，筛选出最合适的指标。第六步，确定关键绩效指标。将指标和流程分配给具体的部门或岗位以后，就形成了每个岗位的绩效指标。

B. 确定绩效指标权重。岗位的多重目标特性决定了必须根据目标的重要性对指标赋予不同的权重，这样才能对员工的工作做出明确的评价。一般而言，对公司战略重要性高的指标权重高，对被考核人影响直接且显著的指标权重高，权重的分配在同级别、同类型岗位之间应具有一致性，又要兼顾每个岗位的独特性。常常通过专家法或层次法确定员工各绩效指标的权重。

C. 设定绩效标准。对关键绩效指标，在员工进行绩效计划时都需要设定目标值，即绩效标准，以此作为衡量员工工作好坏的标准。设定绩效标准的方法有定量分析法、预测法、标杆法、分解法。

D. 绩效考核。在绩效周期结束后，员工的直接上级可以通过比较员工的实际绩效与绩效标准得到绩效结果。

E. 绩效反馈和绩效考核结果的运用。绩效考核结束后，考核者个人或考核者与人力资源部门有关人员一起，与被考核者就考核的结果进行充分沟通，指出目标完成度较高的地方，同时找出被考核者出现的问题和不足，为提高绩效达成协议。人力资源部会将考核结果运用到工作中去。

（3）评价尺度考核法

①评价尺度考核法的概念。评价尺度考核法也叫图尺度评价法，是运用最普遍和比较简单的工作绩效评价技术之一。它是通过列举出一些组织希望的绩效构成要素，如质量、数量或者个人特征等，再列举出跨越范围很宽的工作绩效等级，从"不满意"到"十分优秀"，根据员工的绩效表现打分进行汇总，最终得到员工的工作绩效评价结果的一种方法。

②评价尺度考核法的步骤。在进行工作绩效评价时，首先，在一张图表中列举出一系列绩效评价要素，并为每一要素列出几个备选的工作绩效等级；然后，主管人员从每一要素的备选等级中分别选出最能反映下属雇员实际工作绩效状况的工作绩效等级，并按照相应的等级确定其各个要素所得的分数；最后，将每一位员工所得到的所有分值进行汇总，即得到其最终的工作绩效评价结果。

③评价尺度考核法的优缺点。评价尺度考核法有优点也有缺点。该方法使用起来较为方便，开发成本小，也能为每一位员工提供一种定量化的绩效评价结果。但是它不能有效地指导行为，只能给出考评的结果而无法提供解决问题的方法，也不能提供一个良好的机制以提供具体反馈。所以这种方法的准确性不高。

（4）配对比较考核法

①配对比较考核法的概念。配对比较考核法即成对比较法、相互比较法。该方法是将所有要进行考核的职务列在一起，两两配对比较，其价值较高者可得 1 分，最后将各职务所得分数相加，其中分数最高者等级最高，按分数高低将职务进行排列，即可划定职务等级。

②配对比较考核法的步骤。配对比较考核法使排序型的工作绩效考核法变得更为有效。配对比较考核法的基本做法是将每一位员工按照所有的评价要素与其他所有的员工进行比较。在运用配对比较法时，首先，找出需要评价的所有工作要素，针对每一类工作要素列出一个配对比较表。然后，将所有员工依据某一类要素进行配对比较，并将比较结果列在表中。例如 A 和 B 相互比较，A 的绩效好，A 就得 1 分；B 的绩效差，B 就得 0 分，

以此类推。最后，将每一位员工得到的评价分数相加，得出最终的成绩。

③配对比较考核法的优缺点。配对比较考核法是评选最佳员工的一个好方法，能有效地避免中心化倾向和宽大化倾向，并且设计简单，成本较低。但是这种方法没有明确的评价指标或者说没有明确的尺度对评价要素进行规定，主观判断性很强，客观依据较少，在使用时要注意这些问题。

（5）360度考核法

第一，360度考核法的概念。

360度考核法也称全视角反馈，是被考核人的上级、同级、下级、服务的客户和考核人自己等对其进行的考核。通过考核得到绩效的结果，清楚地了解被考核人的优点和不足。

第二，360度考核法的步骤。

①准备阶段。准备阶段的主要目的是使所有相关人员，包括所有评估者与受评者，以及所有可能接触或利用评估结果的管理人员，正确理解企业实施360度评估的目的和作用，进而建立起对该评估方法的信任。

②评估阶段。首先，在征询被评估者意见的基础上，组建360度绩效反馈队伍。为避免评估结果受到评估者主观因素的影响，在执行360度考核方法时需要对评估者进行培训，使他们熟悉并能正确使用该技术。此外，理想情况下，企业最好能根据本公司的情况建立能力模型要求，并在此基础上设计360度反馈问卷。其次，实施360度评估反馈。分别由上级、同级、下级、相关客户和本人按各个维度标准进行评估。在评估过程中，除了上级对下级的评估无法实现保密之外，其他几种类型的评估最好采取匿名的方式，必须严格维护填表人的匿名权以及对评估结果报告的保密性。大量研究表明，在匿名评估的方式下，人们往往愿意提供更为真实的信息。最后，统计并报告结果。

③反馈和辅导阶段。绩效考评结果出来以后，要尽快把考评结果告知被考评者。其目的是让被考评者清楚考评结果，及时发现不足，及时改正，提高绩效水平。此外，还需要加强绩效辅导。通过绩效辅导，帮助员工找准路线，认清下一阶段的目标，同时要给员工提出一些建设性的改进意见，以帮助员工获得更大改进和提高。

第三，360度考核方法的优点和缺点。

①优点。打破了由上级考核下属的传统考核制度，可以避免传统考核中考核者极容易发生的光环效应、居中趋势、偏紧或偏松、个人偏见和考核盲点等现象。可以反映出不同考核者对同一被考核者不同的看法。防止被考核者急功近利（如仅仅致力于与薪金密切相关的业绩指标），较为全面的反馈信息有助于被考核者多方面能力的提升。360度考核方法实际上是员工参与管理的方式，在一定程度上增加他们的自主性和对工作的控制，提高

了员工的工作满意度，员工的积极性会更高，对组织会更忠诚。

②缺点。考核成本高，当一个人要对多个同伴进行考核时，时间耗费多，由多人来共同考核所导致的成本上升可能会超过考核所带来的价值。有可能成为某些员工发泄私愤的途径，某些员工不正视上司及同事的批评与建议，将工作上的问题上升为个人情绪，利用考核机会"公报私仇"。考核培训工作难度大，组织要对所有的员工进行考核制度的培训，因为所有的员工既是考核者又是被考核者。

（6）目标管理考核法

第一，目标管理考核法的概念。目标管理考核法是管理大师彼得·德鲁克于1954年提出的，目标是在一定时期内对组织、部门及个体活动成果的期望，是组织使命在一定时期内的具体化，是衡量组织、部门及个体活动的有效性标准。目标管理是根据组织的战略规划，运用系统的管理方式，高效、可控地开展各项管理实务，同时激励员工共同参与、努力工作，以实现组织和个人目标的过程。

第二，目标管理法考核法的步骤。

①确定组织目标。组织目标由组织高层领导根据组织的使命，在制订整个组织下一个绩效考核周期工作计划的基础上确定。

②确定部门目标。各部门管理者与部门的主管领导分解组织目标，共同制定本部门的绩效目标。部门目标常以年度目标任务责任书的形式体现。

③确定员工个人绩效目标。部门主管组织员工讨论部门目标，结合员工个体的工作岗位和职责，制订个人的绩效计划，明确个人的绩效目标。个人目标经常以绩效标准的形式体现。

④绩效考核和反馈。在绩效周期结束后，部门主管通过对员工的实际绩效与绩效目标的比较，得出绩效考核的结果，然后考核者和被考核者就考核结果进行充分的沟通，并将其应用到实践中去。

第三，目标管理考核法的优缺点。优点：它可以充分实现绩效考核中的公平和公正，具有较高的有效性，可以促进管理者和员工之间的交流。缺点：目标管理考核法的管理成本较高，有时候还会缺乏必要的行为指导，也没有提供员工之间绩效比较的基础。对是否应采用这种方法，还是要具体问题具体分析。

（三）绩效考核表格的设计

绩效考核表格是进行绩效考核的关键部分，是对员工的工作业绩、工作能力、工作态度以及个人品德等进行评价和统计，并用于判断员工与岗位的要求是否相符的方法，也是企业奖惩制度实施的重要依据。

1. 绩效考核表格设计的前提

绩效表格设计的前提应目标清晰、可量化。一般情况下，绩效指标的设定是部门主管在与员工进行充分沟通的基础上完成。而在具体的指标设定时应依照 SMART 原则。

2. 绩效考核表格设计应遵循的原则

绩效考核表格的设计并不是随意的，在设计表格时，应该遵循一定的原则。以下是绩效考核表格设计的几大原则。

①表格设计应该适应行业特点与企业文化。绩效考核表格是为企业服务的，表格的设计要符合企业的行业特点和企业文化。每个企业都有自己的特点，绩效表格的设计并不是千篇一律的。

②考核指标应由质和量两类指标构成。绩效考核表格中要注重质量指标的考察和数量指标的设计。只有将两类指标结合起来才能全面考核，得到较为客观的结果。

③考核表格中的指标和权重等内容要充分体现公司的战略目标。绩效考核实施的目的是为企业的战略目标服务，绩效考核表格是绩效实施的载体，所以考核表格的设计要通过指标和权重设计来体现公司的战略目标。

④绩效考核实施前应充分征求被考核员工的意见与建议。绩效考核不是管理人员单方面制定和实施的，绩效考核之前，管理人员要和员工进行全面的沟通，交换信息，认真听取被考核员工的意见和建议。在绩效考核表格设计中可以针对不同的员工，设计出符合他们自身情况的考核表格。

⑤考核表格设计中要注意绩效考核结果与反馈。通过绩效考核表格的填写，得到绩效考核的结果，但这不是考核的终结，还要将绩效考核的结果进行反馈，将其应用到实际工作中去。

⑥考核表格设计要尽可能清晰和灵活，设计结果的处理要尽可能地科学合理。绩效考核表格的设计要遵循清晰和灵活的原则，要让被考核者清楚地知道应该如何填写表格的内容。同时，对绩效考核表格得到的结果要客观公正地处理，尽可能满足科学合理的要求。

3. 绩效考核表格的设计

绩效考核表格是一种被广泛应用的绩效考核手段之一，它根据限定的因素来对员工进行考核。绩效考核表格主要是在员工评价内容上进行评分判断，等级被分为优、良、中、可、差等几类。在确定好绩效考核的内容、绩效考核的标准以及权重之后，就可以设计绩效考核表格了。

第四章 薪酬管理

第一节 薪酬管理与设计

一、薪酬管理概述

（一）薪酬管理的含义

1. 薪酬的含义

无论在理论界还是实务界，对薪酬的含义目前还存在着一些模糊的甚至错误的认识，这无疑会妨碍薪酬管理的有效实施，因此我们首先需要澄清一下薪酬的具体含义。

最容易与薪酬发生混淆的一个概念就是报酬。报酬是指员工从企业那里得到的作为个人贡献回报的他认为有价值的各种东西，一般可以分为内在报酬和外在报酬两大类。

（1）内在报酬

通常是指员工由工作本身所获得的心理满足和心理收益，如决策的参与、工作的自主权、个人的发展、活动的多元化、挑战性的工作等。

（2）外在报酬

通常指员工所得到的各种货币收入和实物，它包括两种类型：一种是货币报酬（finan-cial rewards）；另一种是非货币报酬（non-financial rewards），如宽敞的办公室、私人秘书、动听的头衔、特定停车位等。货币报酬又可以分为两类：

第一，直接报酬，如工资、绩效奖金、股票期权、利润分享等。

第二，间接报酬，如保险、带薪休假、住房补贴等各种福利。

薪酬是指员工从企业那里得到的各种直接的和间接的经济收入，简单地说，它就相当于报酬体系中的货币报酬部分。在企业中，员工的薪酬一般是由三个部分组成的：一是基本薪酬；二是激励薪酬；三是间接薪酬。

①基本薪酬

指企业根据员工所承担的工作或者所具备的技能而支付给他们的比较稳定的经济收入。

②激励薪酬

是指企业根据员工、团队或者企业自身的绩效而支付给他们的具有变动性质的经济收入。

③间接薪酬

就是给员工提供的各种福利。与基本薪酬和激励薪酬不同，间接薪酬的支付与员工个人的工作和绩效并没有直接的关系，往往都具有普遍性，通俗地讲就是"人人都有份儿"。

2. 薪酬管理的含义

薪酬管理是指企业在经营战略和发展规划的指导下，综合考虑内、外部各种因素的影响，确定自身的薪酬水平、薪酬结构和薪酬形式，并进行薪酬调整和薪酬控制的整个过程。

薪酬水平指企业内部各类职位及企业整体平均薪酬的高低状况，它反映了企业支付的薪酬的外部竞争性。薪酬结构指企业内部各个职位之间薪酬的相互关系，它反映了企业支付的薪酬的内部一致性。薪酬形式则是指在员工和企业总体的薪酬中，不同类型的薪酬的组合方式。薪酬调整是指企业根据内、外部各种因素的变化，对薪酬水平、薪酬结构和薪酬形式进行相应的变动。薪酬控制指企业对支付的薪酬总额进行测算和监控，以维持正常的薪酬成本开支，避免给企业带来过重的财务负担。

全面理解薪酬管理的含义，需要注意以下三个问题。

①薪酬管理要在企业发展战略和经营规划的指导下进行，作为人力资源管理的一项重要职能，薪酬管理必须服从和服务于企业的经营战略，要为战略的实现提供有力的支持，绝对不能狭隘地进行薪酬管理。

②薪酬管理的目的不仅是让员工获得一定的经济收入，使他们能维持并不断提高自身的生活水平，而且还要引导员工的工作行为，激发员工的工作热情，不断提高他们的工作绩效，这是薪酬管理更重要的目的。

③薪酬管理的内容不单是及时准确地给员工发放薪酬，这只是薪酬管理最低层次的活动，由上述的含义可以看出，薪酬管理涉及一系列的决策，是一项非常复杂的活动。

（二）薪酬管理的意义

不同的薪资形式适应不同企业的不同管理需要，即使在同一家企业中，由于不同工作部门与不同生产环节有不同特点，往往也需要采取不同的薪资管理办法。但是每个企业作为一个统一的经济组织，薪资管理又必须具有统一性，才能使薪资管理成为经营管理体系的有机组成部分。一个企业的薪资管理体系是否健全合理，关系到企业能否获得合适的人员，能否有效地调动员工的工作积极性，对企业的竞争力和生存发展具有十分重要的意义。

薪酬管理直接涉及企业内部的利益关系处理，包括员工与其他利益主体的关系及员工内部相互之间的关系；在现代企业中，进行薪酬管理的目的，是建立有效的约束激励机制，实现企业与员工之间的双向促进，实现二者的共同发展。具体地说，企业的薪酬管理具有五个方面的意义。

1. 有效的薪酬管理有助于吸引和保留优秀的员工

这是薪酬管理最基本的作用，企业支付的薪酬，是员工最主要的经济来源，是他们生存的重要保证。薪酬管理的有效实施能给员工提供可靠的经济保障，从而有助于吸引和保留优秀的员工。

2. 有效的薪酬管理有助于实现对员工的激励

按照心理学的解释，人们的行为都是在需要的基础上产生的，对员工进行激励的支点就是满足他们没有实现的需要。马斯洛的需求理论指出，人们存在着五个层次的需求。有效的薪酬管理能不同程度地满足这些需要，从而可以实现对员工的激励。

3. 有效的薪酬管理有助于改善企业的绩效

薪酬管理的有效实施能对员工产生较强的激励作用，提高他们的工作绩效，而每个员工个人绩效的改善将使企业整体的绩效得到提升。此外，薪酬管理对企业绩效的影响还表现在成本方面，对任何企业来说，薪酬都是一项非常重要的成本开支，在通常情况下，薪酬总额在企业总成本中要占到40%～90%的比重，通过有效的薪酬管理，企业能将自己的总成本降低40%～60%，这就可以扩大产品和服务的利润空间，从而提升企业的经营绩效。

4. 有效的薪酬管理有助于塑造良好的企业文化

良好的企业文化对企业的正常运转具有重要的作用，而有效的薪酬管理则有助于企业文化的塑造。首先，薪酬是进行企业文化建设的物质基础，员工的生活如果不能得到保障，企业文化的建设就是一纸空谈。其次，企业的薪酬政策本身就是企业文化的一部分，如奖励的导向、公平的观念等。最后，企业的薪酬政策能对员工的行为和态度产生引导作用，从而有助于企业文化的建设。例如，企业推行以个人为基础的计件工资制，就会强化个人主义的企业文化；相反，如果企业的激励薪酬以团队为基础来计发，就有助于建立集体主义的企业文化。

5. 有效的薪酬管理有助于塑造企业机制

薪酬管理直接影响企业员工的行为方式与行为动力，从而具有塑造企业机制的作用。在企业中，员工按照组织规范实现自身的利益目标，其中薪酬待遇在利益目标中占有主要地位。薪酬管理以制度化方式，把企业对员工物质利益的承诺加以落实，让员工能对自己的利益实现形成稳定预期。这是员工行为方式和行为动力的心理基础，对引导和推动员工履行工作职责具有直接的保证作用。合理的薪酬所产生的稳定预期能使员工放弃斤斤计较的利益追求，自觉服从企业的管理安排。这就使企业与员工之间完成了从市场交易到管理交易的转变，使员工能从企业获得比在市场上更高的劳动收益。

另外，由于薪酬管理是一种特殊的成本收益管理，直接涉及企业的劳资关系，因此合理的薪酬管理对劳资协调和劳资合作有重要意义。就是说，通过合理的薪酬管理能塑造风险共担、利益共享的企业机制，使劳资双方走向统一。这对企业发展无疑具有根本意义。

当然值得注意的是，薪酬管理并不是万能的，企业中存在的很多问题是薪酬管理所不能解决的，而必须依靠人力资源管理的其他职能来解决。薪酬管理的意义很大部分体现在对员工的吸引、维持和激励作用，但如果把握得不好，薪酬可能并不会产生激励作用，甚至出现负效应。

（三）薪酬管理的原则

在实际工作中，企业的薪酬管理作为一种利益关系调整方式，是在一定政策与制度依据下进行的，因此体现着如下原则。

1. 合法性原则

为了维持社会经济持续稳定发展，为了保护员工的利益，各国政府都制定了一系列法规，直接或间接地指导员工的薪资管理，如《最低工资规定》等。在我国，有关薪资福利的法律法规是劳动法体系的重要组成部分。企业人力资源管理的一个重要职能就是运用法律规范，来协调企业运作过程中的薪资关系，保护企业和员工的合法权益。

随着社会主义市场经济的深入发展，我国的劳动法体系建设日益完善。新制定的《中华人民共和国宪法》，对劳动者享有的劳动权、物质帮助权、接受教育权等都重新做了规定，并提出了与劳动工资有关的法律制度改革问题。1994 年，《劳动法》正式颁布实施。此后，有关部门制定了一系列与《劳动法》配套的行政法规，工资方面的有《工资支付暂行规定》《劳动部关于实施最低工资保障制度的通知》《国有企业工资内外收入监督检查实施办法》《外商投资企业工资收入管理暂行办法》等；福利保障方面的有《企业职工生育保险试行办法》《企业职工患病或非因工负伤医疗期规定》《企业职工工伤保险试行办法》等。这些法律规定，是企业薪资管理必须遵循的原则。

2. 公平性原则

公平是薪酬管理系统的基础，员工只有在认为薪酬系统是公平的前提下，才可能产生认同感和满意度。因此，公平性原则是企业实施薪酬管理时应遵循的最重要的原则。亚当斯的公平理论是公平性原则重要的理论基础。公平性包括以下三个层次的含义。

①外部公平性。就是说在不同企业中，类似职位或者员工的薪酬应当基本相同。

②内部公平性。就是说在同一企业中，不同职位或者员工的薪酬应当与各自对企业的贡献成正比。

③个人公平性。就是说在同一企业中，相同或类似职位上的员工，薪酬应当与其贡献成正比。

应当注意的是，公平原则与平均原则本质上是有区别的。前者是"按劳分配"，体现了劳动的差异性，从而报酬应当是具有差异的；后者则强调绝对的平均，忽视了劳动的差别性，追求员工之间的平均报酬。许多国有企业的薪酬管理之所以出现问题，就是因为没有真正地贯彻好公平原则，比如国有企业改革前普遍存在"一刀切"的平均分配问题、"干多干少一个样"等，严重地影响了员工的工作积极性。因此，国有企业改革的一个重要问题就是要打破平均分配的体制，建立真正意义上的公平的报酬制度。

3. 及时性原则

及时性是指薪酬的发放应当及时，这可以从两个方面理解。首先，薪酬是员工生活的主要来源，如果不能及时发放，势必会影响到他们正常的生活。其次，薪酬又是一种重要的激励手段，特别是激励薪酬，是对员工有效行为的一种奖励，而按照激励理论的解释，这种奖励只有及时兑现，才能充分发挥对员工的激励效果。

4. 经济性原则

经济性指企业支付薪酬时应当在自身可以承受的范围内进行，所设计的薪酬水平应当与企业的财务水平相适应。虽然高水平的薪酬可以更好地吸引和激励员工，但是由于薪酬是企业一项很重要的开支，因此在进行薪酬管理时必须考虑自身承受能力的大小，超出承受能力的过高的薪酬必然会给企业造成沉重的负担。有效的薪酬管理应当在竞争性和经济性之间找到恰当的平衡点。

5. 动态性原则

由于企业面临的内、外部环境处于不断的变化之中，因此薪酬管理还应当坚持动态性的原则，要根据环境因素的变动随时进行调整，以确保企业薪酬的适应性。这表现在两个方面，一是企业整体的薪酬水平、薪酬结构和薪酬形式要保持动态性；二是员工个人的薪酬要具有动态性，要根据其职位的变动、绩效的表现进行薪酬的调整。

（四）影响薪酬管理的主要因素

在市场经济条件下，企业的薪酬管理活动会受到内、外部多种因素的影响，为了保证薪酬管理的有效实施，必须对这些影响因素有所认识和了解。一般来说，影响企业薪酬管理各项决策的因素主要有三类：一是企业外部因素；二是企业内部因素；三是员工个人因素。

1. 企业外部因素

（1）法律法规

法律法规对企业的行为具有强制的约束性，一般来说，它规定了企业薪酬管理的最低标准，因此企业实施薪酬管理时应当首先考虑这一因素，要在法律规定的范围内进行活动。例如，最低工资立法规定了企业支付薪酬的下限；社会保险法律规定了企业必须为员工缴纳一定数额的社会保险费。

（2）物价水平

薪酬最基本的功能是保障员工的生活，因此对员工来说更有意义的是实际薪酬水平，即货币收入（或者叫作名义薪酬）与物价水平的比率。当整个社会的物价水平上涨时，为了保证员工的生活水平不变，支付给他们的名义薪酬相应地也要增加。

（3）劳动力市场的状况

按照经济学的解释，薪酬就是劳动力的价格，它取决于供给和需求的对比关系。在企业需求一定的情况下，如果劳动力市场紧张，造成劳动力资源供给减少，劳动力资源供不应求，劳动力价格就会上涨，此时企业要想获取必要的劳动力资源，就必须相应地提高薪酬水平；反之，如果劳动力市场趋于平稳，造成劳动力资源供给过剩，劳动力资源供过于求，劳动力价格就会趋于平缓或下降，此时企业能相对容易地获取必要的劳动力资源，因此可以维持甚至降低薪酬水平。

（4）其他企业的薪酬状况

其他企业的薪酬状况对企业薪酬管理的影响是最直接的，这是员工进行横向的公平性指标比较时一个非常重要的参照系。当其他企业，尤其是竞争对手的薪酬水平提高时，为了保证外部的公平性，企业也要相应地提高自己的薪酬水平，否则就会造成员工不满意甚至流失。

2. 企业内部因素

（1）企业的经营战略

在阐述薪酬管理的含义时，我们已经指出，薪酬管理应当服从和服务于企业的经营战略，不同的经营战略下，企业的薪酬管理也会不同。

（2）企业的财务状况

薪酬是企业的一项重要成本开支，因此企业的财务状况会对薪酬管理产生重要的影响，它是薪酬管理各项决策得以实现的物质基础。良好的财务状况，可以保证薪酬水平的竞争力和薪酬支付的及时性。

3. 员工个人因素

（1）员工所处的职位

在目前主流的薪酬管理理论中，这是决定员工个人基本薪酬及企业薪酬结构的重要基础，也是内部公平性的主要体现。职位对员工薪酬的影响并不完全来自它的级别，主要是职位所承担的工作职责及对员工的任职资格要求。随着薪酬理论的发展，由此衍生出另一个影响因素，那就是员工所具备的技能。

（2）员工的绩效表现

员工的绩效表现是决定其激励薪酬的重要基础，在企业中，激励薪酬往往都与员工的绩效联系在一起，具有正相关的关系。总的来说，员工的绩效越好，其激励薪酬就会越高。此外，员工的绩效表现还会影响到他们的绩效加薪，进而影响到基本薪酬的变化。

（3）员工的工作年限

工作年限主要有工龄和企龄两种表现形式，工龄指员工参加工作以来整个的工作时间，企龄则指员工在本企业中的工作时间。工作年限会对员工的薪酬水平产生一定的影响，在技能工资体系下，这种影响更加明显。一般来说，工龄和企龄越长的员工，薪酬的水平相对也越高。

工龄的影响主要源于人力资源管理中的"进化论"，就是说通过社会的"自然选择"，工作时间越长的人就越适合某项工作；不适合的人，由于优胜劣汰的作用，会离开这个职业。企龄的影响则主要源于组织社会化理论，就是说员工在企业工作的时间越长，对企业和职位的了解就越深刻，其他条件一定时，绩效就会越好；此外，保持员工队伍的稳定也是一个原因，企龄越长的员工，薪酬水平相对就越高，这样可以在一定程度上降低员工的流动率，因为如果要流动，就会损失一部分收入。

（五）薪酬管理与人力资源管理其他职能的关系

为了加深对薪酬管理的理解，有必要将它置于整个人力资源管理系统中，从更加宽广的视角来分析它与人力资源管理其他职能的关系。

1. 薪酬管理与职位分析的关系

应当说，职位分析是基本薪酬实现内部公平性的一个重要基础，在主流的职位工资体系下，职位分析所形成的职位说明书是进行职位评价确定薪酬等级的依据，职位评价的信息大都来自职位说明书的内容。即使在新的技能工资体系中，职位分析仍然具有重要的意义，因为评价员工所具备的技能，仍然要以他们从事的工作为基础来进行。

2. 薪酬管理与人力资源规划的关系

薪酬管理与人力资源规划的关系主要体现在人力资源供需的平衡方面，薪酬政策的变动是改变内部人力资源供给的重要手段，如提高加班工资的额度，可以促使员工增加加班时间，从而增加人力资源的供给量，当然这需要对正常工作时间的工作严格加以控制。

3. 薪酬管理与招聘录用的关系

薪酬管理对招聘录用工作有着重要的影响，薪酬是员工选择工作时考虑的重要因素之一，较高的薪酬水平有利于大量吸引应聘者，从而提高招聘的效果。此外，招聘录用也会对薪酬管理产生影响，录用人员的数量和结构是决定企业薪酬总额增加的主要因素。

4. 薪酬管理与绩效管理的关系

薪酬管理和绩效管理之间是一种互动的关系：一方面，绩效管理是薪酬管理的基础之一，激励薪酬的实施需要对员工的绩效做出准确的评价；另一方面，针对员工的绩效表现及时地给予他们不同的奖励薪酬，也有助于增强激励的效果，确保绩效管理的约束性。

5. 薪酬管理与员工关系管理的关系

在企业的劳动关系中，薪酬是最主要的问题之一，劳动争议也往往是由薪酬问题引起的，因此有效的薪酬管理能减少劳动纠纷，建立和谐的劳动关系。此外，薪酬管理也有助于塑造良好的企业文化，这个问题在前面已经作过阐述。

二、薪酬体系设计

（一）薪酬体系的规划

1．薪酬体系规划的内容

薪酬体系规划包括两个层次，即总体规划和分类计划。总体规划是关于规划期内薪酬管理总目标、总政策、实施步骤和总预算的安排。分类计划包括工资计划、奖金计划和福利计划，这些计划是总体规划的分解和具体化，对总体规划的执行起细化作用。

2．薪酬体系规划的意义

（1）适应外部环境变化，增强企业凝聚力

根据系统论的系统层次性观点，人力资源是一个系统，企业是一个系统，企业外部环境即社会又是一个大系统，这三个系统依次包含并相互制约。作为人力资源系统子系统的薪酬体系则必须保持与上述三个系统的平衡。

①与人力资源系统内部其他子系统的平衡。例如，与招聘选拔系统、开发培训系统、业绩评估系统等子系统的平衡。

②与企业内部其他资源系统各子系统的平衡。例如，与资金系统、物质系统、技术装备系统及营销系统等子系统的平衡。

③与企业外部环境的平衡。企业的一些外部条件将影响薪酬体系的规划，这些条件如人力资源市场情况、政府的薪酬政策、国家经济形势、同行业工资水平等，这些因素都会对薪酬体系规划产生影响。

（2）保证内部公平及分配的计划性

薪酬体系规划的目的之一是使内部分配有章可循，克服薪酬管理中的随意性和不确定性，保证薪酬管理的公平性和计划性。

（3）加强企业人力资源成本控制

通过薪酬体系规划，企业可以对全年的薪酬成本进行科学预算、统筹安排，克服人力资源成本管理中的浪费和不经济行为，促进企业经济效益的提高。

3．薪酬体系规划的步骤

薪酬体系规划工作是一项在不确定条件下进行的非常复杂的活动，它必须通过系统的方法，鉴别和分析企业内、外部的多种因素，并使各因素与企业薪酬体系规划的总目标相结合，才能保证规划的科学有效。

（二）薪酬体系管理的过程

1. 薪酬体系管理的基本过程

（1）制定付酬原则与策略

这是企业文化内容的一部分，是以后各环节的前提，对各环节起着重要的指导作用。它包括对员工本性的认识，对员工总体价值的评价，对管理骨干及高级专门人才作用的估计等此类核心价值观，以及由此衍生的有关工资分配的政策与策略，如工资差距的大小、差距标准，工资、奖励与福利费用的分配比例等。

（2）岗位设计与分析

这是薪酬体系建立的依据，这一活动将产生企业组织结构系统图及其中所有岗位的说明与规范等文件。

科学的岗位设计可以除去多余、重复的岗位，从而节省劳动力，提高劳动效率，免除给付不必要的薪酬；而岗位分析是公司人力资源管理的基础，也是薪酬管理的重要依据，企业根据岗位分析所标明的工作内容、责任大小、层级关系确定某一岗位的基本薪酬和岗位薪酬。

（3）岗位评价

这是保证内在公平的关键，要以必要的精确度、具体的金额来表示每一岗位对本企业的相对价值。这个价值反映了企业对该岗位占有者的要求。岗位工作的完成难度越大，对企业的贡献也越大，对企业的重要性也越高，从而它的相对价值就越大。需要指出的是，这些用来表示岗位相对价值的金额，并不就是该岗位占有者真正的薪酬额。

（4）薪酬结构设计

经过岗位评价，无论采用哪种方法，总可得到表明每一岗位对本企业相对价值的顺序、等级、分数或象征性的金额。将企业所有岗位的薪酬都按同一的贡献原则定薪，便保证了企业薪酬体系的内在公平性。但找出了这种理论上的价值后，还必须据此能转换成实际的薪酬值，才具有实用价值，这就需要进行薪酬结构设计。所谓薪酬结构，是指企业的组织结构中各岗位的相对价值与对应的实际薪酬之间的关系。

（5）薪酬状况调查及分析

这一步骤应与前一步骤同时进行，甚至可以安排在考虑外在公平性而对薪酬结构进行调整之前。这项活动主要应研究两个问题：要调整些什么，怎样去收集数据。调查的内容首先是本地区、本行业，尤其是主要竞争对手的工资状况。参照同行或本地区其他企业的工资水平来调整、制定本企业对应岗位的工资，以保证企业薪酬体系的外在公平性。

（6）薪酬分级与定薪

在岗位评价后，根据确定的薪酬结构，将各种类型的岗位薪酬归并成若干级别，形成一个薪酬等级（职级）体系。通过这一步骤，就可以确立企业每一个岗位具体的薪酬范围。

（7）薪酬体系的运行控制与调整

企业薪酬体系一经建立，如何投入正常运作并对其实行有效地控制与管理，使其发挥应有的功能，是一个相当复杂的问题，也是一项长期的工作。

2. 薪酬体系的调整

（1）奖励性调整

奖励性调整是为了奖励员工做出的优良工作绩效，鼓励员工继续努力，再接再厉，更上一层楼，也就是论功行赏。奖励性调整又叫功劳性调整。

（2）生活指数调整

为了补偿员工因通货膨胀而导致的实际收入无形减少的损失，使员工生活水平不致渐趋降低，企业应根据物价指数状况对薪酬体系进行调整。生活指数调整常用的方式有两类：一类是等比调整，即所有员工都在原有薪酬基础上调升同一百分比；另一类是等额调整，即全体员工不论原有薪酬高低，一律给予等幅的调升。

（3）效益调整

当企业效益好、盈利增加时，对全员进行普遍加薪，但以浮动式、非永久性为佳；当企业效益下滑时，全员性的薪酬下调也应成为当然。但须注意的是薪酬调整往往具有"不可逆性"。

（4）工龄调整

薪酬的增加意味着工作经验的积累与丰富，代表能力或绩效潜能的提高，也就是薪酬具有按绩效与贡献分配的性质。因此，薪酬调整最好不要实行人人等额逐年递增的办法，而应将工龄与考核结果结合起来，确定不同员工工龄薪酬调整的幅度。

（5）特殊调整

企业根据内、外环境及特殊目的而对某类员工进行的薪酬调整。例如，实行年薪制的企业，每年年末应对下一年度经营者的年薪重新审定和调整；企业应根据市场因素适时调整企业内不可替代人员的薪酬，以留住人才。

（三）薪酬体系的设计

1. 普通管理人员的薪酬设计

普通管理人员的薪酬设计可以按照结构工资制的思路设计。

（1）结构工资制的基本构架

结构工资制是依据工资的各种职能，将工资分解为几个组成部分，分别确定工资额，其各个组成部分均有其质和量的规定性，各有其特点和作用。结构工资的基本构成内容如下：

工资=基本工资+工龄工资+学历工资+岗位工资+绩效工资

①基本工资

基本工资是为保障员工基本生活需要的工资，设立的依据是《劳动法》中关于国家实行最低工资保障制度的有关规定。基本工资标准的确定，通常应考虑以下几个因素：

A. 国家或地方政府规定的最低工资标准。

B. 本地区、本行业和本企业目前的基本工资。

C. 社会发展和通货膨胀等因素。

②工龄工资

工龄工资是根据员工参加工作的年限，用来体现员工逐年积累的劳动贡献的一种工资形式，其设立的目的是增强凝聚力，稳定员工队伍。工龄工资可在比照国家工龄津贴的基础上，根据企业的支付能力，并按社会工龄和本企业工龄分别确定。后者通常为前者的4~8倍。

③学历工资

学历工资实质上是把工资和知识挂钩，其设立目的是对员工知识积累的肯定和鼓励，不仅有利于促进管理人员参加各类培训教育，不断地掌握新知识，而且还可以减少人员流动，提高员工素质。学历工资的差距在市场经济发达国家逐渐缩小，主要原因是智力投资成本差距在缩小。在未来发展道路上，劳动力必须承担越来越复杂的知识型工作，知识对一个企业来说所起的作用将会越来越大，但学历并不等于能力。因此，学历工资彼此之间的差距不应过大，一般每一级学历工资之间的增长幅度控制在20%~30%之间比较合适。

④岗位工资

岗位工资是把员工的实际技能同岗位对员工技能的要求统一起来，使人尽其才、岗得其人，更好地贯彻同工同酬的原则。岗位工资的确定应考虑岗位的重要性，岗位的知识与技术含量，岗位对经验、能力的要求等因素。岗位工资一般占管理人员工资收入的60%左右，是管理人员工资收入的主体。

⑤绩效工资

绩效工资即员工收入与企业的业绩挂钩的部分，它是根据企业经济效益和员工实际完成的劳动数量和质量支付给员工的工资。就某集团公司来说，集团总部的管理人员所承担的风险要比事业部小得多，他们的岗位工资比例相对较高，绩效工资一般控制在总工资的20%左右为宜。绩效工资可按季、月或半年预提，年终结算。

（2）岗位等级的设计

按照现代企业组织机构的设置及职位等级结构体系，一般将管理人员岗位工资相应地分为4~5个层级（薪层）。例如，部门经理层，副经理、经理助理、高级职称层，业务主办、中级职称层，操作层（办事员）。由于个人上岗适应能力有所不同，表现、贡献也有差异等因素，每一层级还应实行"一岗多薪"，即在同一薪层上再划分若干工资级别（薪级）。一般每一薪层可设5个薪级，选择其中一个为"中值"，以中值为计算点，级差一般为10%~20%，相邻薪层可有1~2个薪级交叠。

（3）绩效工资的设计

①绩效工资的确定

首先，按当年净收益（如税后净利）的一定百分比（提成比例）确定绩效工资总额。其次，按管理人员加权数量（全部管理人员对应的系数之和）确定人均绩效工资标准。最后，按人均绩效工资标准和绩效工资系数确定个人绩效工资，计算公式为：

绩效工资总额=年度净收益×提成比例

人均绩效工资标准=绩效工资总额÷管理人员加权数量

个人绩效工资=人均绩效工资标准×绩效工资系数

②绩效工资的发放

绩效工资可以按上一年度的净收益或本年度预计净收益的一定百分比，按月、季或半年预发，年终再结算。例如，按上一年度净收益、按月预发的计算公式为：

每月人均绩效工资标准=上一年度的净收益×提成比例÷12÷管理人员加权数量

个人绩效工资=每月人均绩效工资标准×发放比例×绩效工资系数

③绩效工资系数

绩效工资系数的确定和岗位工资一样可采取"岗位等级制"，每一层的每一级对应一个系数。

2. 业务（销售）人员的薪酬设计

随着越来越激烈的竞争，企业若想立于不败之地，必须拥有一支能力强、能量大的优秀业务队伍，拓展营销渠道，占领市场。但是为吸引和留住优秀的人才，必须有一套合理的业务人员的薪酬制度。

业务人员的薪酬制度一般有以下三种。

①固定工资制

即对业务人员的薪酬实行固定的支付方式。这种方式为业务人员提供了收入保障，但无法发挥有力的激励作用，干好干坏都一样，调动不起业务人员的积极性。

②纯佣金制

即完全以业绩作为计酬的标准，如用销售量、销售额或利润等可量化的指标进行衡量，业绩好的薪酬高，业绩差的薪酬低，有较强的激励作用，从管理的角度来看，也简便易行。

但是，这种方式很难给予业务人员一定的生活保障，收入不稳定且风险大。

③混合制

即前面两种方法的综合。

我们知道，业务人员的销售业绩除了与自身的努力程度有关外，在很大程度上还会受到一些外在因素的影响，如宏观经济形势、公司的声誉、产品的质量、市场的竞争程度等，具有较强的外在不确定性（与本身努力程度无关），即业务人员的努力对业绩的影响性具有随机性。因此，应对业务人员设立基本工资，以维持这些人员的最低生活保障，同时，再按业绩进行提成，以发挥薪酬的激励作用，促使业务人员更加努力地工作。

基本工资可参考管理人员的基本工资确定，业务提成按个人业绩（销售量、销售额、利润等）和提成比例确定。提成比例应根据同行业和本企业的具体情况，经科学分析、测算后确定。

3. 其他人员的薪酬设计

（1）一般人员的薪酬

一般人员或称服务性人员，包括司机、门卫、保安、前台等。由于服务性人员工作的重要性相对小，故对他们的工资可按市场价格来定，不进行分类定级。

（2）不可替代人员的薪酬

所谓不可替代人员指就本企业而言，在技术、管理能力等方面具有独占性，不能为他人所取代的员工。其判别依据可以是：在技术上的专有性、特殊性；管理能力的突出性；某一行业的专才。不可替代人员的薪酬应参考同类人员的市场价值，以略高于市场价值为宜。

第二节　员工福利

一、激励薪酬

激励薪酬是指以员工、团队或者企业的绩效为依据而支付给员工个人的薪酬。与基本薪酬相比，激励薪酬具有一定的变动性，但是由于它与绩效联系在一起，因此对员工的激励性也更强。激励薪酬一般可分为个人激励薪酬和群体激励薪酬两种类型。

（一）个人激励薪酬

个人激励薪酬是指主要以员工个人的绩效表现为基础而支付的薪酬，这种支付方式有助于员工不断地提高自己的绩效水平，但是由于它支付的基础是个人，因此不利于团队的相互合作。个人激励薪酬主要有以下三种形式。

1. 计件制

计件制是最常见的一种人才激励薪酬形式，它是根据员工的产出水平和工资率来支付相应的薪酬。例如，规定每生产 1 件产品可以得到 2 元的工资，那么当员工生产 20 件产品时，就可以得到 40 元的工资。

在实践中，计件制往往不采用这样直接计件的方法，更多的是使用差额计件制，就是说对不同的产出水平分别规定不同的工资率，依此来计算报酬。

2. 工时制

工时制是根据员工完成工作的时间来支付相应的薪酬。最基本的工时制是标准工时制，就是首先确定完成某项工作的标准时间，然后当员工在标准时间内完成工作任务时，依然按照标准工作时间来支付薪酬，由于员工的工作时间缩短了，这就相当于工资率提高了。

在实践中，员工因节约工作时间而形成的收益是要在员工和企业之间进行分配的，不可能全都给予员工，因此标准工时制也有两种变形：一是哈尔西 50~50 奖金制，就是指通过节约工作时间而形成的收益在企业和员工之间平均分享；二是罗恩制，就是指员工分享的收益根据其节约时间的比率来确定。例如，某项工作的标准工作时间为 5 小时，员工只用 4 个小时就完成了工作，那么因工作时间节约而形成的收益，员工就可以分享到 20%。

3. 绩效工资

绩效工资就是指根据员工的绩效考核结果来支付相应的薪酬，由于有些职位的工作结果很难用数量和时间进行量化，不太适用上述的两种方法，因此就要借助绩效考核的结果来支付激励薪酬。绩效工资有四种主要的形式：一是绩效调薪；二是绩效奖金；三是月/季度浮动薪酬；四是特殊绩效认可计划。

（1）绩效调薪

绩效调薪是指根据员工的绩效考核对其基本薪酬进行调整，调薪的周期一般按年来进行，而且调薪的比例根据绩效考核结果的不同也应当有所区别，绩效考核成绩越好，调薪的比例相应地就要越高。进行绩效调薪时，有一个问题需要注意：调薪不仅包括加薪，而且还包括减薪，这样才会更有激励性。

（2）绩效奖金

绩效奖金，也称为一次性奖金，是指根据员工的绩效考核结果给予的一次性奖励，奖励的方式与绩效调薪有些类似，只是对绩效不良者不会进行罚款。

虽然绩效奖金支付的依据也是员工的绩效考核结果和基本薪酬，但它与绩效调薪还是有着明显的不同。首先，绩效调薪是对基本薪酬的调整，而绩效奖金则不会影响到基本薪酬。其次，支付的周期不同。由于绩效调薪是对基本薪酬的调整，因此不可能过于频繁，否则会增加管理的成本和负担；而绩效奖金则不同，由于它不涉及基本薪酬的变化，因此周期可以相对较短，一般按月或按季来支付。最后，绩效调薪的幅度要受薪酬区间的限制，而绩效奖金则没有这一限制。

（3）月/季度浮动薪酬

在绩效调薪和绩效奖金之间还存在一种折中的奖励方式，即根据月或季度绩效评价结果，以月绩效奖金或季度绩效奖金的形式对员工的业绩加以认可。这种月绩效奖金或季度绩效奖金一般采用基本工资乘以一个系数或者百分比的形式来确定，然后用一次性奖金的形式来兑现。实际操作时，往往会综合考核部门的绩效与个人的绩效。

（4）特殊绩效认可计划

特殊绩效认可计划是指在个人或部门远远超出工作要求，表现出特别的努力而且实现了优秀的绩效或做出了重大贡献的情况下，组织额外给予的一种奖励与认可。其类型多种多样，既可以是在公司内部通信上或者办公室布告栏上提及某个人，也可以是奖励一次度假的机会或者上万元的现金。

（二）群体激励薪酬

与个人激励薪酬相对应，群体激励薪酬指以团队或企业的绩效为依据来支付薪酬。群体激励薪酬的好处在于它可以使员工更加关注团队和企业的整体绩效，增进团队的合作，从而更有利于整体绩效的实现。在新经济条件下，由于团队工作方式日益重要，因此群体激励薪酬也越来越受到重视。但是它也存在一个明显的缺点，那就是容易产生"搭便车"的行为，因此还要辅以对个人绩效的考核。群体激励薪酬绝不意味着进行平均分配。群体激励薪酬主要有以下两种形式。

1. 利润分享计划

利润分享计划指对代表企业绩效的某种指标（通常是利润指标）进行衡量，并以衡量的结果为依据来对员工支付薪酬。这是由美国俄亥俄州的林肯电器公司最早创立的一种激励薪酬形式，在该公司的分享计划中，每年都依据对员工绩效的评价来分配年度总利润（扣除税金、6%的股东收益和资本公积金）。

利润分享计划有两个潜在的优势：一是将员工的薪酬和企业的绩效联系在一起，因此可以促使员工从企业的角度去思考问题，增强了员工的责任感；二是利润分享计划所支付的报酬不计入基本薪酬，这样有助于灵活地调整薪酬水平，在经营良好时支付较高的薪酬，在经营困难时支付较低的薪酬。

利润分享计划一般有三种实现形式。一是现金现付制，就是以现金的形式即时兑现员工应得到的分享利润。二是递延滚存制，就是指利润中应发给员工的部分不立即发放，而是转入员工的账户，留待将来支付，这种形式通常是与企业的养老金计划结合在一起的；有些企业为了降低员工的流动率，还规定如果员工的服务期限没有达到规定的年限，将无权得到或全部得到这部分薪酬。三是混合制，就是前两种形式的结合。

2. 收益分享计划

收益分享计划是企业提供的一种与员工分享因生产率提高、成本节约和质量提高等而带来的收益的绩效奖励模式。通常情况下，员工按照一个事先设计好的收益分享公式，根据本人所属部门的总体绩效改善状况获得奖金。常见的收益分享计划如斯坎伦计划（Scanlon plan）。

它的操作步骤是：

第一步，确定收益增加的来源，通常用劳动成本的节约表示生产率的提高，用次品率的降低表示产品质量的提高和生产材料等成本的节约。将上述各种来源的收益增加额加总，得出收益增加总额。

第二步，提留和弥补上期亏空。收益增加总额一般不全部进行分配，如果上期存在透支，要弥补亏空，此外，还要提留出一定比例的储备，得出收益增加净值。

第三步，确定员工分享收益增加净值的比重，并根据这一比重计算出员工可以分配的总额。

第四步，用可以分配的总额除以工资总额，得出分配的单价。员工的工资乘以这一单价，就可以得出该员工分享的收益增加数额。

此外，在股份制繁荣发展的今天，对员工的激励又衍生出了新的形式，就是让员工部分地拥有企业的股票或者股权，虽然这种形式是针对员工个人实行的，但是由于它和企业的整体绩效是紧密联系在一起的，因此我们还是将它归入群体激励薪酬中。股票所有权计划是长期激励计划的一种主要形式。目前，常见的股票所有权计划主要有三类：现股计划、期股计划和期权计划。

现股计划指企业通过奖励的方式向员工直接赠予企业的股票或者参照股票当前的市场价格向员工出售企业的股票，使员工立即获得现实的股权。这种计划一般规定员工在一定时间内不能出售所持有的股票，这样股票价格的变化就会影响员工的收益。通过这种方式，可以促使员工更加关心企业的整体绩效和长远发展。

期股计划则是指企业和员工约定在未来某一时期员工要以一定的价格购买一定数量的企业股票，购买价格一般参照股票的当前价格确定，这样如果未来股票的价格上涨，员工按照约定的价格买入股票，就可以获得收益；如果未来股票的价格下跌，那么员工就会有损失。

期权计划与期股计划比较类似，不同之处在于公司给予员工在未来某一时期以一定价格购买一定数量企业股票的权利，但是员工到期可以行使这项权利，也可以放弃这项权利，购买股票价格一般也要参照股票当前的价格确定。

二、福利

福利是指企业支付给员工的间接薪酬，在劳动经济学中，福利又曾被称为小额优惠。与直接薪酬相比，福利具有两个重要的特点：一是直接薪酬往往采取货币支付和现期支付的方式，而福利多采取实物支付或延期支付的形式。二是直接薪酬具备一定的可变性，与员工个人直接相连，而福利则具有准固定成本的性质。

相比直接薪酬，福利具有自身独特的优势：首先，它的形式灵活多样，可以满足员工不同的需要；其次，福利具有典型的保健性质，可以减少员工的不满意，有助于吸引和保留员工，增强企业的凝聚力；再次，福利还具有税收方面的优惠，可以使员工得到更多的实际收入；最后，由企业来集体购买某些产品，具有规模效应，可以为员工节省一定的支出。但是福利也存在一定的问题：首先，由于它具有普遍性，与员工个人的绩效并没有太大的直接联系，因此在提高员工工作绩效方面的效果不如直接薪酬那么明显，这也是福利最主要的问题；其次，福利具有刚性，一旦为员工提供了某种福利，就很难将其取消，这样就会导致福利的不断膨胀，从而增加企业的负担。

（一）福利的内容

在不同的企业中，福利的内容是各不相同的，存在着非常大的差异。但是，一般来说，可以将福利的项目划分为两大类：一是国家法定的福利；二是企业自主的福利。

1. 国家法定的福利

这是由国家相关的法律和法规规定的福利内容，具有强制性，任何企业都必须执行。从我国目前的情况看，法定福利主要包括以下四项内容。

①法定的社会保险，包括基本养老保险、基本医疗保险、失业保险、工伤保险和生育保险，企业要按照员工工资的一定比例为员工缴纳保险费。

②公休假日，指企业要在员工工作满一个工作周后让员工休息一定的时间，我国目前实行的是每周休息两天的制度。

③法定休假日，就是员工在法定的节日要享受休假，我国目前的法定节日包括元旦、春节、国际劳动节、国庆节和法律及法规规定的其他休假节日。

④带薪休假，指员工工作满规定的期限后，可以带薪休假一定的时间。

2. 企业自主的福利

除了法定的福利外，许多企业也自愿地向员工提供其他种类的福利，比如除了法定之外的由于某种原因而为员工另外提供的各种假期、休假，为员工及其家属提供的各种服务项目（儿童看护、老年人护理等），以及灵活多样的员工退休计划等，这类福利称为企业自主福利。企业自主福利与法定福利本质上的不同之处在于：它们不具有任何的强制性，具体的项目也没有一定的标准，企业可根据自身的情况灵活决定。

（二）福利的管理

为了保证给员工提供的福利能充分发挥其应有的作用，在实践中，一般要按照下面的步骤来实施福利管理。

1. 调查阶段

为了使提供的福利能真正满足员工的需要，必须进行福利需求的调查。在过去，我国大多数企业都忽视了这一点，盲目地向员工提供福利，虽然支出了大笔的费用，效果却不理想。在进行福利调查时，既可以由企业提供一个备选"菜单"，让员工从中进行选择，也可以直接收集员工的意见。

与基本薪酬的确定一样，福利调查也要分为两个部分，内部福利调查只是解决了员工的需求问题，但是这些需求是否合理？企业总体的福利水平应当是多少？这些问题都需要进行外部福利调查。当然，这种调查没有必要单独进行，可以在薪酬调查的同时进行。

2. 规划阶段

福利调查结束后，就要进行福利的规划。首先，企业要根据内、外部调查的结果和企业自身的情况，确定需要提供的福利项目。其次，要对福利成本做出预算，包括总的福利费用、各个福利内容的成本、每个员工的福利成本等。最后，要制订出详细的福利实施计划，如福利产品购买的时间、发放的时间、购买的程序、保管的制度等。

3. 实施阶段

这一阶段就是要按照已制订好的福利实施计划，向员工提供具体的福利。在实施中兼顾原则性和灵活性，如果没有特殊情况，一定要严格按照制订的计划来实施，以控制好福利成本的开支；即便遇到特殊情况，也要灵活处理，对计划做出适当的调整，以保证福利提供的效果。

4. 反馈阶段

实施阶段结束以后，还要对员工进行反馈调查，以发现在调查、规划和实施阶段中存在的问题，从而不断地完善福利实施的过程，改善福利管理的质量。

（三）福利管理的发展趋势

传统上，企业提供的福利都是固定的，向所有的员工提供一样的福利内容，但是员工的实际需求其实并不完全一样，因此固定的福利模式往往无法满足员工多样化的需求，从而削弱了福利实施的效果。从20世纪90年代开始，弹性福利模式逐渐兴起，成为福利管理发展的一个趋势。

弹性福利，也叫自助式福利，就是由员工自行选择福利项目的福利管理模式。需要强调的是，弹性并不意味着员工可以完全自由地进行选择，有一些项目还是非选项，如法定的社会保险。

从目前的实践来看，发达国家企业实行的弹性福利主要有以下五种类型。

1. 附加型弹性福利

就是指在现有的福利计划之外，再提供一些福利项目或提高原有的福利水准，由员工选择。例如，原来的福利计划包括房屋津贴、交通补助、免费午餐等，实行附加型弹性福利后，可以在执行上述福利的基础上，额外提供附加福利，如补充的养老保险等。

2. 核心加选择型弹性福利

就是由核心福利项目和选择福利项目组成福利计划，核心福利是所有员工都享有的基本福利，不能随意选择；选择福利项目包括所有可以自由选择的项目，并附有购买价格，每个员工都有一个福利限额，如果总值超过了所拥有的限额，差额就要折为现金由员工支付。福利限额一般是未实施弹性福利时所享有的福利水平。

3. 弹性支用账户

就是指员工每年可以从其税前收入中拨出一定数额的款项作为自己的"支用账户"，并以此账户去选购各种福利项目的福利计划。由于拨入该账户的金额不必缴纳所得税，因此对员工具有吸引力。为了保证"专款专用"，一般都规定账户中的金额如果本年度没有用完，不能在来年使用，也不能以现金形式发放，而且已经确定的认购福利款项也不得挪作他用。

4. 福利"套餐"

就是由企业提供多种固定的福利项目组合，员工只能自由地选择某种福利组合，而不能自己组合。

5. 选择型弹性福利

就是在原有的固定福利的基础上，提供几种项目不等、程度不同的福利组合供员工选择。这些福利组合的价值，有些比原有固定福利价值高，有些则比原有固定福利价值低。如果员工选择比原有固定福利价值低的组合，就会得到其中的差额，但是员工必须对所得的差额纳税。

如果员工选择了价值较高的福利组合，就要扣除一部分直接薪酬作为补偿。

弹性福利模式的发展，可以说解决了传统的固定福利模式所存在的问题，可以更好地满足员工的不同需要，从而增强激励的效果。此外，这种模式也减轻了人力资源管理人员的工作量。但是这种模式也存在一定的问题：员工可能只顾眼前利益或者考虑不周，从而选择了不实用的福利项目；由于福利项目不统一，减少了购买的规模效应，而且还增加了管理的成本。

此外，福利管理的社会化是指企业将自己的福利委托给社会上的专门机构进行管理，这样企业的人力资源管理部门就可以摆脱这些琐碎的事务，集中精力从事那些附加值高的工作。此外，由于这些机构是专门从事这项工作的，因此提供的福利管理也更加专业化。

但是，这种方式也存在一个问题，即由于外部机构对企业的情况可能不太了解，因此企业需要与其进行大量的沟通，否则提供的福利就会失去针对性。

福利管理的货币化是指企业将本应提供给员工的福利折合成货币，以货币的形式发放给员工。这种方式可以大大降低福利管理的复杂程度，减轻企业的管理负担。但是，以货币形式发放福利就改变了福利原有的性质，从而削弱了福利应有的作用。例如，体育比赛由员工自发组织和由企业出面组织在凝聚力方面就存在很大的差距。此外，由于不再集中购买，就会失去规模效应，这样在企业付出相同成本的条件下，员工实际的福利水平是下降的，这会影响员工的满意度。

第五章 ─职业生涯与劳动关系管理

第一节 职业生涯管理

一、职业生涯管理概述

（一）职业和职业生涯

1. 职业

职业是人类文明进步、经济发展以及社会劳动分工的结果。同时，职业也是社会与个人或组织与个体的结合点。通过这个结合点的动态相关形成了人类社会共同生活的基本结构。也就是说，个人是职业的主体，但个人的职业活动又必须在一定的组织中进行。组织的目标靠个体通过职业活动来实现，个体则通过职业活动对组织的存在和发展做出贡献。在现代社会中，职业不仅是一种谋生的手段，也满足了个人精神上的群体归属感，并是个人存在意义和价值的证明。因此，职业活动对员工个人和组织都具有重要意义。

2. 职业生涯

职业生涯的概念既包括客观部分，例如工作职位、工作职责、工作活动以及与工作相关的决策；也包括对工作相关事件的主观知觉，例如个人的态度、需要、价值观和期望等。一个人的职业生涯通常包括一系列客观事件的变化以及主观知觉的变化。一个人管理自己职业生涯的方式可以从两个方面着手：一是可以通过改变客观环境，如转换工作等；二是可以通过改变对工作的主观评价，如调整期望等。因此，与工作相关的个人活动及其对这些活动所做出的主观反应都是其职业生涯的组成部分，必须把两者结合起来，才能充分理解一个人的职业生涯。

同时，职业生涯的概念体现出一种动态性，即随着时间的推移，职业生涯是不断向前发展的，并且无论从事何种职业，具有何种晋升水平，工作模式的稳定性如何，所有的人都拥有自己的职业生涯。在现实生活中，一个人在选择一种职业后，也许会终身从事，也许会转换几种职业。无论怎样，一旦开始进入职业角色，他的职业生涯就开始了，并且随着时间的流逝而延续，因此职业生涯表示的是一个动态过程，是一个人一生在职业岗位上所度过的、与工作活动相关的连续经历，它并不包含在职业上成功与失败或进步快与慢的含义。也就是说，不论职位高低，不论成功与否，每个工作着的人都有自己的职业生涯。

可见，职业生涯不仅表示职业工作时间的长短，而且还涵盖着职业发展、变更的经历和过程，包括从事何种职业工作、职业发展的阶段、由一种职业向另一种职业的转换等具体内容。

（二）职业生涯管理

1. 职业生涯管理的内容

职业生涯管理是企业人力资源管理的重要内容之一，包括职业生涯设计、规划、开发、评估、反馈和修正等一系列综合性的活动与过程。

通过员工和组织的共同努力与合作，使每个员工的生涯目标与组织发展目标一致，使员工的发展与组织的发展相吻合。因此，职业生涯管理的内容包括以下两个方面。

一是员工的自我管理，这是职业生涯是否成功的关键。从自我管理的角度讲就是一个人对自己所要从事的职业、要去的工作单位、在职业发展上要达到的高度等作出规划和设计，并为实现自己的职业目标而积累知识、开发技能的过程。

二是组织协助员工规划其生涯发展，并为员工提供实现生涯目标的各种机会。职业生涯是个人生命运行的空间，但又和组织有着必然的内在联系。组织是个人职业生涯得以存在和发展的载体。从组织角度对员工的职业生涯进行管理，集中表现为帮助员工制定职业生涯规划、建立各种适合员工发展的职业通道、针对员工职业发展的需求实施的培训、给予员工必要的职业指导、促使员工职业生涯的成功。因此，对职业生涯管理的内涵我们应该把握以下三点。

（1）组织为员工设计的职业规划与员工个人职业生涯规划有明显的不同

个人职业生涯规划是以自我价值实现和增值为目的，并且可以通过跳槽来实现个人发展目标。而组织是将员工视为可开发增值的人力资本，所以组织为员工设计的职业规划是通过协助员工在职业目标上的努力，谋求组织的持续发展。它帮助员工完成自我定位，克服工作中遇到的困难挫折，鼓励将个人职业生涯目标同组织发展目标紧密相连，并尽可能多地给予他们发展机会。所以相对于个人职业生涯规划而言，更具有专业性和系统性。

（2）职业生涯管理必须实现个人与组织的共同目标

职业生涯管理在帮助员工实现个人职业生涯目标的同时，还必须满足组织自身职业发展的需要。这可以通过两个方面来实现，一方面在满足员工职业发展需求的同时，使全体员工的职业技能得到提高，进而带动组织整体人力资源水平的提升；另一方面在职业生涯管理中对员工的有意识引导可使同组织目标方向一致的员工脱颖而出，从而为组织培养高层经营人员、管理人员或技术人员。

（3）职业生涯管理涉及的内容十分广泛

组织对员工职业活动的帮助均可列入职业生涯管理范畴之中。其中，既包括员工个人的，如各类培训、咨询、讲座以及为员工提高学历给予便利等；也包括组织的诸多职业发展政策和措施，如规范职业评议制度，建立和执行有效的内部升迁制度等。

2. 职业生涯管理的特征

根据对职业生涯管理的内涵的理解，职业生涯管理具有以下三个方面的特征。

（1）职业生涯管理是组织与员工双方的责任

在职业生涯管理中，组织和员工都必须承担一定的责任，双方共同合作才能完成职业生涯管理，其目的是促进员工的全面发展。在职业生涯管理中，员工个人和组织须按照职业生涯管理工作的具体要求做好各项工作。无论是个人或组织都不能过分依赖对方，因为许多工作是不能替代的。从员工角度看，个人职业生涯规划必须由个人决定，要结合自己的性格、兴趣和特长进行设计。而组织在进行职业生涯管理时，所考虑的因素主要是组织的整体目标，以及所有组织成员的整体职业生涯发展，其目的在于通过对所有员工的职业生涯管理，充分发挥组织成员的集体潜力和效能，最终实现组织发展目标。

（2）职业生涯信息在职业生涯管理中具有重要意义

组织必须具备完善的信息管理系统，只有做好信息管理工作，才能有效地进行职业生涯管理。在职业生涯管理中，员工个人需要了解和掌握有关组织各方面的信息，如组织的发展战略、经营理念、人力资源的供求情况、职位的空缺与晋升情况等。组织也需要全面掌握员工的情况，如员工个人性格、兴趣、特长、智能、潜能、情绪以及价值观等。此外，职业生涯信息总是处在变动过程中，这就要求必须对管理信息进行不断的维护和更新，才能保证信息的时效性。

（3）职业生涯管理是贯穿于员工职业生涯发展和组织发展全过程的一种动态管理

每一个组织成员在职业生涯的不同阶段及组织发展的不同阶段，其发展特征、发展任务以及应注意的问题都是不同的。每一阶段都有各自的特点、目标和发展重点，所以对每一个发展阶段的管理也应有所不同。由于决定职业生涯的主客观条件的变化，组织成员的职业生涯规划和发展也会发生相应变化，职业生涯管理的侧重点也应有所不同，以适应情况的变化。

二、职业生涯规划与管理

职业生涯管理分为个人的职业生涯管理和组织的职业生涯管理。个人的职业生涯管理是以实现个人发展的成就最大化为目的，通过对个人兴趣、能力和个人发展目标的有效管理实现个人的发展愿望。组织职业生涯管理是以提高企业人力资源质量，发挥人力资源管理效率为目的，通过个人发展愿望与组织发展需求的结合实现组织的发展。

职业生涯管理是"以人为本"理念的体现，企业职业生涯管理的最终目的是通过帮助员工的职业发展，以求企业的持续发展，实现企业目标。因此，职业生涯管理假定：只有企业员工的卓越发展，才有企业的目标实现。员工的卓越，有赖于企业实施的职业生涯管理，在企业提供的有效职业生涯管理中，员工迈向卓越，并将自己的聪明才智奉献给企业。

（一）个人职业生涯规划

1. 个人职业生涯规划的内涵和意义

职业生涯规划在个人的职业决策过程中必不可少，它有助于个人发现自己的人生目标，平衡家庭与朋友、工作与个人爱好之间的需求。另外，职业生涯规划能使一个人做出更好的职业选择：接受还是拒绝某项工作、有无跳槽的必要、是否该寻找更具挑战性的工作以及何时辞掉压力过大的工作。更为重要的是，职业生涯规划有助于个人在职业变动的过程中，面对已经变化的个人需求及工作需求，进行恰当的调整。

2. 个人职业生涯规划的原则和步骤

职业生涯规划要使一个人走向成功之路，就必须在规划职业生涯时充分考虑到个人的特性和企业的发展需要，使个人发展与组织发展结合起来，对影响职业生涯的各种主客观因素进行分析、总结和测定，确定一个人的人生发展目标，选择实现这一目标的职业，编制相应的工作、教育和培训等行动计划，对每一步骤的时间、顺序和方向做出合理的安排。为了正确制定职业生涯规划，还必须遵循一定的原则，按照规范的步骤进行。

（1）职业生涯规划的原则

①清晰性原则：规划一定要清晰、明确，能把它转化成为一个可以实行的行动，人生各阶段的线路划分与安排一定要具体可行。

②挑战性原则：规划要在可行性的基础上具有一定的挑战性，完成规划要付出一定的

努力，成功之后能有较大的成就感。

③可行性原则：规划要有事实依据，要根据个人特点、组织和社会发展需要来制定，不能是不着边际的梦想。

④变动性原则：规划未来的职业生涯目标，牵涉多种可变因素，因此规划应有弹性，以增加其适应性。

⑤长期性原则：规划一定要从长远来考虑，只有这样才能给人生设定一个大方向，使你集中力量紧紧围绕这个方向做出努力，最终取得成功。

⑥一致性原则：规划是职业生涯发展的整个历程，因此主要目标与分目标要一致，目标与措施要一致，个人目标与组织发展目标要一致。

⑦激励性原则：职业生涯目标要与自己的性格、兴趣和特长相符合，从而能对自己产生内在的激励作用。

⑧可评量原则：规划的设计应有明确的时间限制或标准，以便评量、检查，使自己随时掌握执行的情况，并为规划的修正提供参考依据。

（2）职业生涯规划的步骤

①确定志向。

志向即一个人为之奋斗的最终目标，是事业成功的基本前提。没有志向，事业的成功就无从谈起。俗话说："志不立，天下无可成之事。"立志是人生的起跑点，反映着一个人的理想、胸怀、情趣和价值观，对一个人的成就大小有决定性的影响。所以，在设计职业生涯时，首先要确立志向，这是设计职业生涯的关键，也是设计职业生涯中最为重要的一步。

②自我评估。

自我评估是对自己的各方面进行分析以达到全面认识自己、了解自己的目的，自我评估包括对人生观、价值观、受教育水平、兴趣、特长、性格、技能、智商、情商、思维方式、思维方法等进行分析评价，因为，只有认识、了解自己，才能选定适合自己发展的职业生涯路线，才能对自己的职业发展做出最佳抉择，增加事业成功的概率。

③内外环境分析。

了解自己又必须与分析环境相结合，因为在漫长的人生进程中，身边其他人、所处的组织环境、社会环境、经济环境将直接影响职业的发展，因此，在设计个人职业生涯时，应分析环境发展的变化情况、环境条件的特点、自己与环境的关系、环境对自己有利与不利的因素等。只有把自身因素和社会条件作最大限度地契合，才能做到在复杂的环境中趋利避害，使职业生涯设计更具有实际意义。

④职业的选择。

职业的选择是事业发展的起点，职业选择是否正确直接关系到事业的成功与失败。个人进行职业选择时存在诸多需要考虑的因素，包括性格与职业的匹配；兴趣与职业的匹配；特长与职业的匹配；内外环境与职业的相适应等。尤其是对刚步入社会初选职业的年轻人来说，认清自我、分析环境、了解职业，使自己的性格、兴趣、特长与职业相吻合显得尤为重要。

⑤职业生涯路线的选择。

职业生涯路线是指当一个人选定职业后，是向专业技术方向发展，还是向行政管理方向发展。发展方向不同，各自要求也不同，因此，在设计职业生涯时，必须做出抉择，以便为自己的学习、工作以及各种行动措施指明方向，使职业沿着预定的路径即预先设计的职业生涯发展。

通常职业生涯路线的选择需要考虑三个问题：我想往哪方面发展？我能往哪方面发展？我可以往哪方面发展？

⑥设定职业生涯目标。

职业生涯目标的设定，是职业生涯规划的核心。一个人事业的成败，很大程度上取决于有无正确适当的目标。一个人确立什么样的职业目标，要根据主客观条件加以设计，每个人条件不同，目标也不可能完全相同，但确定目标应遵循的规则却是相同的，即目标要符合社会与组织的需求，目标要符合自身的特点，目标高低的幅度恰到好处，目标正当、明确、具体并留有余地等。应该说一个未来的成功者，必定是一个目标意识很强的人。

⑦制订行动计划与措施。

行动是所有生涯设计中最艰难的一个步骤，无论多么美好的理想和想法，最终都必须落实到行动上才有意义，因此在确定了职业生涯目标和职业生涯路线后，就要落实实现目标的具体措施，包括工作、训练、教育、轮岗等。这些计划要特别具体，以便定时检查。

⑧评估与调整。

影响职业生涯设计的因素很多，其中环境变化是最为重要的一个因素。有的变化是可以预测的，而有的变化却难以预测。在这样的状况下，要使职业生涯设计行之有效，就必须不断地对职业生涯设计进行评估与调整。调整的内容侧重于职业的重新选择、职业生涯路线的选择、人生目标的修正以及实施措施与计划的变更等。

（二）组织职业生涯管理

职业生涯管理应被看作组织和员工个人为了满足各自和对方的需要而采取的对职业行

为进行有意识的管理行为，管理的结果建立在组织和个人的职业互动过程中。在现代企业中，从员工个人角度来看，个人最终要对自己的职业发展计划负责；而从组织角度来看，他们必须鼓励员工对自己的职业生涯负责，为员工提供他们感兴趣的有关组织工作、职业发展机会的信息，帮助员工做好自我评价和培训工作，甚至帮助他们制订与组织目标相符的职业计划和目标。

1. 组织职业生涯管理的内涵和意义

组织职业生涯管理涵盖招聘新员工进入组织开始，至员工流向其他组织或退休而离开组织的全过程，它同时涉及职业活动的各个方面。从组织角度看，对员工的管理体系能否保证使员工在合适的时间改变其在组织中的相对地位，将对组织的生产效率和效益产生非常重要的影响。

2. 组织职业生涯管理的方法

与组织的其他制度不同，职业生涯管理的目的既要满足组织发展的需要，也要满足个体发展的需要，通过着眼于帮助员工实现职业生涯计划来达成组织发展的目的。因此，要实行有效的组织职业生涯管理，应该找出不同职业生涯期的管理重点。

（1）职业生涯早期阶段的组织管理

职业生涯早期阶段是指个人由学校进入组织并在组织内逐步"组织化"，为组织所接纳的过程。所谓个人组织化是指应聘者接受雇用并进入组织后，由一个自由人向组织转化所经历的一个不断发展的进程，它包括向所有雇员灌输组织及其部门所期望的主要态度、规范、价值观和行为模式。

在员工职业生涯早期阶段，组织承担着非常重要的职业生涯管理任务，组织通过对新员工进行有效评估、培训、职业生涯规划及管理等措施，帮助员工顺利适应工作。通过员工和组织共同努力与合作，使每个员工的职业生涯目标与组织发展目标一致，使员工与组织都获得发展。在这一阶段，组织的职业生涯管理主要体现在：

①对新员工进行上岗引导和岗位配置。新员工上岗引导是指给新员工提供有关企业的基本背景，包括历史与现状，宗旨、任务和目标，有关的制度、政策和规定，工作职责和劳动纪律，组织文化等。这些信息对员工做好本职工作都是必需的，也是引导员工熟悉环境，减少焦虑感，增加归属感和认同感所不可缺少的。

②提供一个富有挑战性的最初工作。大多数专家都认为，企业能做的最重要的事情，就是争取做到为新雇员提供的第一份工作是富有挑战性的。研究者们发现，新雇员在企业的第一年中所承担的工作越富有挑战性，他们的工作也就显得越有效率、越成功，即使是到了五六年之后，这种情况依然存在。提供富有挑战性的起步性工作是"帮助新雇员取得职业发展的最有力然而却并不复杂的途径之一"。

③对新员工严格要求，并开展职业生涯规划活动。新员工与其上级之间往往存在一种"皮格马利翁效应"。也就是说，上司的期望越高，对新员工越信任，越支持，那么你的新员工就干得越好。因此，在新员工开始探索性工作的第一年中，应当为他找到一位受过特殊训练、具有较高工作绩效并且能通过建立较高工作标准而对自己的新员工提供必要支持的主管人员。因为这样的主管人员会向新员工灌输这样一种思想，即组织期望他们能达到良好的工作绩效，并且这种绩效会得到组织回报，此外，同样重要的是，这些主管人员会随时做好通过指导和咨询对新员工给予帮助的准备。

组织还应当采取步骤，加强新员工对自己的职业生涯规划和开发活动的参与。组织可以通过开展一些活动使员工学到职业生涯规划的基本知识，并有机会参与各种以明确自己的职业目标为目的的活动以及形成较为现实的职业目标等。

（2）职业生涯中期阶段的组织管理

职业生涯中期是一个时间周期长、富于变化，既有可能获得职业生涯成功，又有可能出现职业生涯危机的一个很宽阔的职业生涯阶段。因此，组织要实现自身的发展目标，就必须强化其职业管理任务，充分发挥员工的潜能，丰富员工的工作内容，帮助员工进行继续教育和不断成长，克服职业生涯中期所发生的职业问题。组织对职业生涯中期阶段的管理，常见措施有以下几种：

①提拔晋升，畅通职业生涯管理通道。这一措施主要适用于有培养前途、有作为、能获得晋升的员工。晋升主要有三种途径：行政职务的提拔晋升；转变职业，由操作工提拔为管理者；技术职务的提拔晋升。

②安排一定范围内的工作轮换。美国学者的研究发现，员工的工作满足源会随着一个人从事一项给定工作的实际时间的长度发生系统的变化。在员工从事某项职业的最初几年，该职业都会对员工产生很大的吸引力、刺激力，员工对工作的任何变化与改进都会感到兴奋，也会不遗余力地做出自己的贡献。然而，当个人工作资历达到5年的长久时间，他对工作再设计便可能失去反应，对工作本身产生了"疲顿倾向"，出现失去进取心和创新精神的潜在危险。这时其工作满足源转向了工作的外因素，如监督的性质、工作场所的人际关系、作业环境与条件、报酬和福利、退休方案及其待遇等。因此，从组织角度，一个重要的预防措施就是制订出明确的职位轮换计划。所谓工作轮换，是指把一个人安排到另一个工作岗位上，其所承担的义务、责任、职位和报酬都与前一个工作差不多。但工作轮换可以使员工学到新知识和新技能，为今后的晋升和发展奠定基础。实践证明，当晋升和提薪的机会变小时，工作轮换就会成为一种可有效激励员工的措施。

③提供适宜职业生涯的发展机会。现实中，对处于职业中期且年龄较大的员工，由于其进取心和工作参与感的降低，组织应当安排其承担适当角色并提供相应的发展机会，以

获得最佳组织效益。如让年长的员工充任良师的角色，让中年期的员工担当临时性组织者角色等，这样做能调动员工的积极性，保持员工的工作参与欲，充分利用员工之所长，为组织服务，达到促进组织发展的目的。

（3）职业生涯后期阶段的组织管理

职业生涯后期，员工已进入职业生命的最后阶段，这一阶段员工的人生需求变化很大，而职业生命尚有 10 年左右的时间，如何发挥员工的潜能和余热，并帮助员工顺利度过这段时间，是组织义不容辞的责任。

到职业后期阶段，员工的退休问题必然提到议事日程。大量的事实表明，退休很可能伤害员工，对企业的工作也会产生影响。为了减少和避免可能的伤害与影响，对员工退休事宜加以细致周到的计划和管理是十分必要的。

①开展退休咨询，着手退休行动。退休咨询就是向即将和已经退休的人提供财务、住户、搬迁、家庭和法律、再就业等方面的咨询和帮助。

组织开展的递减工作量、试退休等适应退休生活的退休行动，对员工适应退休生活也很有帮助。递减工作量是对即将退休的员工逐渐减少其工作量。试退休是安排即将达到退休年龄的员工离开工作一段时间去体验退休的感受，然后决定是继续工作一段时间还是退休，亲自感受并逐步适应退休生活。

②做好退休员工的职业工作衔接。员工退休而组织的职业工作却要正常运转，因此，组织要有计划地分期分批安排应当退休的人员退休。在退休计划中，选好退休员工职业工作的接替人，及早进行接替人的培养工作是非常重要的。组织可以采取多种形式对接替员工进行职业岗位的培训与学习，在新老员工职业更替之时衔接好，保证工作正常顺利进行。

③做好员工退休后的生活安排。组织可以因人而异地帮助每一个即将退休者制订具体的退休计划，尽可能地把退休生活安排得丰富多彩又有意义。例如，鼓励退休员工进入老年大学，参加社会公益活动和老年群体的集体活动等；也可以通过经常召开退休员工座谈会的方式，增进退休员工与组织的互动。另外组织还可以采取兼职、顾问或其他方式聘用退休员工，使其发挥余热。

（三）职业生涯管理成功的关键

要在组织中成功地实施职业生涯管理，必须克服来自多方面的阻力，而相关人员的支持是成功实施职业生涯管理的关键。

1. 高层领导支持是关键

组织的高层领导是否支持，是组织能否顺利开展职业生涯管理的最重要的影响因素之一，它关系到人员配备、资金投入、绩效评估、实施追踪等一系列的问题。领导支持将职业生涯管理作为人力资源开发的重要措施，就会制定相应的政策，配备相关人员，使该措施能取得成效。尤其是当人才竞争成为企业盈利的关键时，引导员工开发自己，并朝着组织导向的目标开发，具有长久的意义。

2. 职业生涯管理人员是核心

职业生涯管理活动是人力资源管理的重要形式，也是一项比较专业的工作，如果不熟悉人力资源管理及相关工作，就没法开展职业生涯管理活动。因此，进行职业生涯管理的专职人员，应具备三个方面的技能：①熟悉人力资源管理工作；②具备较强的沟通和协调能力；③熟悉职业指导的知识，掌握职业辅导的技能。

3. 员工和各级管理者是具体实施者

虽然实施组织职业生涯管理是人力资源部门的职责，但事实上，具体的实施主要靠员工个人和各级管理者。员工在职业生涯管理中应主动从经理和同事那里获得有关自身优势及不足的信息反馈；明确自身的职业生涯发展阶段和开发需求；了解存在哪些学习机会以及积极主动地与来自组织内、外不同工作群体的员工进行接触。各级管理者在职业生涯管理过程当中扮演着主要的角色，承担着教练、评估者、顾问和推荐人四种角色责任。因此，各级管理者需要从思想观念到行为制度上配合职业生涯管理的实施。

4. 人力资源部门是总管

人力资源部门是人力资源开发和管理的直接部门，他们对员工的选拔、晋升、培训、评估、薪酬负有直接的责任，并且人力资源管理部门还应提供专业服务，对员工的价值观、兴趣、技能进行测评，帮助员工做好职业生涯规划工作的准备，并经常提供与职业相关问题的咨询。

第二节　劳动关系管理

一、劳动关系管理概述

（一）劳动关系概述

1. 劳动关系概念

劳动关系是指劳动者与劳动力使用者以及相关组织为实现劳动过程所构成的社会经济关系。在不同国家或不同体制下，劳动关系又被称为"劳资关系"（labor-management relations)、"劳工关系"（labor relations）、"劳雇关系"（employee-employer relations）、"雇佣关系"（employment relations）、"员工关系"（employee relations）、"产业关系"（industrial relations）等。作为劳动者和劳动力使用者之间的社会经济关系的表述，劳动关系是一个最为广泛和适应性最强的概念。

2. 劳动关系的特点

（1）劳动关系是经济利益关系

雇员付出劳动从雇主那里换取报酬及福利才能维持生活。因此，工资和福利就成为连接雇主与雇员的基本经济纽带，这就形成了雇员与雇主之间的经济利益关系。如果缺乏这种经济利益上的联系，劳动关系就不存在，因而经济利益也就成为雇员与雇主最主要的联系，也是雇员与雇主之间合作和冲突的最主要的原因。

（2）劳动关系是一种劳动力与生产资料的结合关系

因为从劳动关系的主体上说，当事人一方为劳动力所有者和支出者，称为雇员（或劳动者）；另一方为生产资料所有者和劳动力使用者，称为雇主（或用人单位）。劳动关系的本质是强调用人单位需要将劳动者提供的劳动力作为一种生产要素纳入其生产过程，与生产资料相结合。

（3）劳动关系是一种具有显著从属性的人身关系

虽然双方的劳动关系建立在平等自愿、协商一致的基础上，但劳动关系建立后，双方在职责、管理上则具有了从属关系。用人单位要安排劳动者在组织内和生产资料结合；而劳动者则要通过运用劳动能力，完成用人单位交给的各项生产任务，并遵守单位内部的规章制度，接受用人单位的管理和监督。劳动者在整个劳动过程中无论是在经济上，还是在人身上都从属于雇主。

（4）劳动关系体现了表面上的平等性和实质上的非平等性

管理方和劳动者双方都是劳动关系的主体，在平等自愿的基础上签订劳动合同，缔结劳动关系。同样也可以解除劳动关系，在遵循法律规定的情况下，劳动者可以辞职，企业也可以辞退员工。双方在履行劳动合同过程中，劳动者按照管理方的要求提供劳动，管理方支付劳动者劳动报酬，这也是权利义务的对等。

但这种平等是相对的。从总体上看，劳动者和用人单位在经济利益上是不平等的。虽然法律规定双方具有平等的权利，但是经济力量上的差异造成的实际权利上的不平等已经是个不容否认的事实。特别是就业压力大的情况下，雇主会在劳动力市场上占有更大的优势和主动地位，劳动者往往会接受具有不利于劳动者的不公平条款的合同。相对而言，劳动者的选择机会是有限的，而雇主则可以利用各种有利的形势迫使劳动者接受不平等的合同条款，如较低的工资待遇和福利，或者过长的工作时间等。

（5）劳动关系具有社会关系的性质

劳动关系不仅仅是一种纯粹的经济关系，它更多地渗透到非经济的社会、政治和文化关系中。在劳动关系中，劳动者在追求经济利益的同时，也寻求其他方面的利益，如荣誉、周围人的尊敬、归属感、成就感等。所以，工作不仅是劳动者赖以生存的基础，工作场所也是满足劳动者以上需要的场所。这就要求雇主在满足劳动者经济需要的同时，还要关注劳动者的社会需求。

3. 劳动关系和劳务关系的区别

劳动关系的法律特征使其与劳务关系区分开，这两者是实践中最容易混淆的概念。劳务关系是平等主体的公民、法人、其他组织之间，以提供劳务和支付报酬为主要内容的民事关系。二者的区别主要体现在以下四个方面。

（1）主体不同

劳动关系的主体是确定的，即一方是用人单位，另一方必然是劳动者。而劳务关系的主体是不确定的，可能是两个平等主体，也可能是两个以上的平等主体；可能是法人之间的关系，也可能是自然人之间的关系，还可能是法人与自然人之间的关系。

（2）关系不同

劳动关系两个主体之间不仅存在财产关系即经济关系，还存在着人身关系，即行政隶属关系。也就是说，劳动者除提供劳动之外，还要接受用人单位的管理，服从其安排，遵守其规章制度等。劳动关系双方当事人，虽然法律地位是平等的，但实际生活中的地位是不平等的。这就是我们常说的用人单位是强者，劳动者是弱者。而劳务关系两个主体之间只存在财产关系，或者说是经济关系，即劳动者提供劳务服务，用人单位支付劳务报酬。

（3）待遇不同

劳动关系注重劳动过程，报酬以工资的形式定期支付，在支付形式、期限、最低标准方面受法律规定的限制；劳务关系注重提供劳务的结果，报酬的数额由双方约定。

（4）适应法律不同

劳动关系产生的纠纷适用劳动法律，如《中华人民共和国劳动法》《中华人民共和国劳动合同法》（以下简称《劳动合同法》）等的调整；劳务关系涉及平等主体之间的关系，适用民法，如《中华人民共和国合同法》的调整。

（二）劳动关系的构成主体

劳动关系的主体是指劳动关系中相关各方。从狭义上讲，劳动关系的主体包括两方：

一方是雇员和以工会为主要形式的雇员团体；另一方是雇主及雇主组织。从广义上讲，除了雇员或雇员团体和雇主外，政府通过立法介入和影响劳动关系，政府也是广义劳动关系的主体之一。

1. 雇员

劳动关系中的雇员是指具有劳动权利能力和行为能力，由雇主雇佣并在其管理下从事劳动以获取工资收入的法定范围的劳动者。一般具有以下特征：①雇员是被雇主雇佣的人，不包括自由职业者和自雇佣者；②雇员要服从雇主的管理；③雇员以工资为劳动收入。

2. 雇员团体

在劳动关系中，员工和雇主地位之间的差距是造成劳资冲突的根本原因。为了能与雇主相抗衡，员工组织了自己的团体来代表全体员工的共同利益。雇员团体包括工会和类似于工会的雇员协会与职业协会。

在许多国家，工会是雇员团体的主要组织形式。工会的组织原则是对员工招募不加任何限制，既不考虑职业因素，也不考虑行业因素。工会以维护和改善员工的劳动条件、提高员工的经济地位、保障员工利益为主要目的。早期工业化时代，政府对工会采取禁止、限制的态度，雇主对工会采取强烈抵制的态度，工会更多地被当作工人进行斗争的工具。随着对工会角色职能认识的不断深入，雇主不再把工会的存在当作对管理权的挑战，而是理性地看待工会，期望通过与工会的合作来改善劳资关系，提高企业的竞争力；政府不断出台法律、法规来协调劳动关系，工会日趋完善。

3. 雇主

雇主也称雇佣者、用人单位、用工方、资方、管理方，是指在一个组织中，使用雇员进行有组织、有目的的活动，并向雇员支付工资报酬的法人或自然人。各个国家由于国情的不同，对雇主范围的界定也不一样。例如，在德国，就把至少雇佣一名雇员的人称为雇主。而在挪威，把雇佣单位及雇佣单位的行政领导人作为雇主。在伊拉克，雇主范围仅限于私营部门。美国的情况更为复杂，在不同的法规中所界定的雇主范围也不尽相同。在我国，使用得更多的是"用人单位"这一中性概念。

4. 雇主组织

雇主组织是由雇主依法组成的组织，其目的是通过一定的组织形式，将单个雇主联合起来形成一种群体力量，在产业和社会层面通过这种群体优势同工会组织进行协商和谈判，最终促进并维护每个雇主成员的利益。雇主组织通常有以下三种类型：行业协会、地区协会和国家级雇主联合会。在我国，像中国企业联合会、中国企业家协会、各种总商会、全国工商联合会和中国民营企业家协会等，都是雇主组织。雇主组织的主要作用是维护雇主利益，主要从事的活动有以下四种：①雇主组织直接与工会进行集体谈判；②当劳资双方对集体协议的解释出现分歧或矛盾时，雇主组织可以采取调解和仲裁的方式来解决；③雇主组织有义务为会员组织提供有关处理劳动关系的一般性建议，为企业的招聘、培训、绩效考核、安全、解雇等提供咨询；④雇主组织代表和维护会员的利益和意见。

5. 政府

现代社会中政府的行为已经渗透到经济、社会和政治生活的各个方面，政府在劳动关系中扮演着重要的角色，发挥着越来越重要的作用。政府在劳动关系中主要扮演四种角色：①劳动关系立法的制定者，通过出台法律、法规来调整劳动关系，保护雇员的利益；②公共利益的维护者，通过监督、干预等手段促进劳动关系的协调发展，切实保障有关劳动关系的法律、法规的执行；③国家公共部门的雇主，以雇主身份直接参与和影响劳动关系；④有效服务的提供者，为劳资双方提供信息服务和指导。

6. 国际劳工组织、国际雇主组织与国际经贸组织

全球化是当代劳动关系不得不面对的现实，任何国家的劳工问题都不得不考虑其国际背景和国际影响。因此，任何一个国家的劳动法律、政策和实践，在某种程度上都要受到来自有关国际组织和国际标准的约束。

（三）劳动关系管理的作用

劳动关系管理是指通过规范化、制度化的管理，使劳动关系双方（企业与员工）的行为得到规范，权益得到保障，维护稳定和谐的劳动关系，促使企业经营稳定运行。劳动关系之所以重要，除了因为它具有明确的法律内涵、受国家法律调控以外，还因为其在企业管理中具有关键的作用，是人力资源管理的一项重要职能。人力资源管理人员应该深刻理解劳动关系并能正确处理劳动关系。做好劳动关系管理工作具有深刻的意义。

1. 可以避免矛盾激化的案件发生

劳动关系是否和谐稳定间接影响着社会关系的稳定程度。劳动争议的存在不仅是劳动关系管理工作不和谐的体现，同时如果处理得不合理，还可能引发一系列的社会治安问题。劳动争议必须正确、公正、及时处理，这样才可能避免矛盾激化，减少恶性事件的发生率。因此，应注重劳动争议的处理，尽可能合理处理劳动争议案件，避免矛盾极端化。

2. 保证劳资双方的合法权益

劳动争议的案件大部分是因为劳动权利与义务产生的纠纷，大大降低了企业和劳动者

之间的信任程度。劳资双方中不论任何一方侵犯对方权益、不全面履行相关义务与责任、违反国家规定都会使劳动关系的运行产生障碍。这不但影响了用人单位正常的生产经营秩序，损害企业的效益，同时也会影响劳动者及其直接抚养或赡养人的生活，从而影响社会的进步与稳定。合理及时地处理劳动争议，可以提高当事人的法制观念，保证劳资双方的合法权益。

3. 构建和谐社会的要求

增强劳动关系管理工作是构建和谐社会的要求。伴随市场化进程的不断发展，构建和谐社会就需要有稳定和谐的劳动关系。社会是文化、政治、经济诸多方面的统一体，是以物质生产为基础的人类生活共同体，是人与人在劳动过程中结成的各种关系的总和。在各种社会关系中，劳动关系是各种社会关系中最重要、最基本的关系，是一切社会关系的核心，因此，增强劳动关系管理工作是构建和谐社会的必然要求。

二、劳动合同

（一）劳动合同的内容

1. 劳动合同期限

《劳动合同法》第十二条和第十九条规定："劳动合同分为固定期限劳动合同、无固定期限劳动合同和以完成一定工作任务为期限的劳动合同。劳动合同期限三个月以上不满一年的，试用期不得超过一个月；劳动合同期限一年以上不满三年的，试用期不得超过二个月；三年以上固定期限和无固定期限的劳动合同，试用期不得超过六个月……以完成一定工作任务为期限的劳动合同或者劳动合同期限不满三个月的，不得约定试用期……"

2. 工作内容和工作地点

工作内容应明确员工在组织中从事的工作岗位、性质、工种以及应完成的任务，应达到的目标等，劳动者应事先对从事的工作做到心中有数。工作地点是劳动合同履行地，是劳动者从事劳动合同中所规定的工作内容的地点，劳动者有权在与用人单位建立劳动关系时知悉自己的工作地点。

3. 劳动保护和劳动条件

劳动保护是指用人单位为了防止劳动过程中的安全事故，减少职业危害，保障劳动者的生命安全和健康而采取的各种措施。劳动条件是指用人单位为保障劳动者履行劳动义务、完成工作任务而提供的必要物质和技术条件，如必要的劳动工具、机械设备、工作场地、技术资料等。

4. 劳动报酬和社会保险

劳动报酬是员工在付出一定劳动后的回报，组织应根据国家的法律法规，结合员工的实际工作，合理、定期地发放劳动报酬，劳动报酬有工资、奖金、津贴等形式。社会保险由国家成立的专门机构进行基金的筹集、管理及发放，不以营利为目的，一般包括医疗保险、养老保险、失业保险、工伤保险及生育保险。

5. 劳动纪律

劳动纪律是组织为了其正常的生产经营而建立的一种劳动规则，根据组织的实际情况，有工作时间纪律、生产纪律、保密纪律、防火纪律等，员工应自觉遵守组织制定的劳动纪律。

6. 违反劳动合同的责任

组织与员工任意一方由于自身的原因无法履行或不能完全履行合同，应按照合同的有关规定进行处罚，如《劳动合同法》第八十七条规定："用人单位违反本法规定解除或者终止劳动合同的，应当依照本法第四十七条规定的经济补偿标准的二倍向劳动者支付赔偿金。"

除了以上必备条款外，用人单位与劳动者双方还可以约定培训、竞业禁止、保守秘密、补充保险和福利待遇等其他事项。

（二）劳动合同的变更

劳动合同的变更是指劳动合同双方当事人就已经订立的合同条款达成修改与补充的法律行为。有两种形式：法定变更和协商变更。

1. 法定变更

法定变更是指在特殊情形下，劳动合同的变更并非因当事人自愿或同意，而是具有强制性。这些特殊情况都是由法律明文规定的，当事人必须变更劳动合同：一是由于不可抗力或社会紧急事件等，企业或劳动者无法履行原劳动合同，如地震、战争、台风、暴雪等不可抗力或恶劣天气等自然灾害。当这些情况出现时，双方当事人应当变更劳动合同的相关内容。二是法律法规制定或修改，导致劳动合同中的部分条款内容与之相悖而必须修改，如政府关于最低工资标准的调整，地方政府颁布的关于高温天气作业的劳动时间变化的规定等。用人单位与劳动者应当依法变更劳动合同中相应的内容，并按照法律法规的强制性规定执行。

另外，法定变更还包括：

①劳动者患病或者非因工负伤，在规定的医疗期满后不能从事原工作，用人单位应当与劳动者协商后，另行安排适当的工作，并因此相应变更劳动合同的内容。

②劳动者不能胜任工作，用人单位应当对其进行培训或者调整其工作岗位，使劳动者适应工作要求并相应变更劳动合同内容。

③劳动合同订立时所依据的客观情况发生重大变化，致使原劳动合同无法履行的，用人单位应当与劳动者协商，就变更劳动合同达成协议。

④因企业转产、重大技术革新或重大经营方式调整等企业内部经济情况发生变化的，用人单位应当与劳动者协商变更劳动合同。

2. 协商变更

（1）协商变更劳动合同内容的程序

《劳动合同法》第三十五条规定："用人单位与劳动者协商一致，可以变更劳动合同约定的内容。变更劳动合同，应当采用书面形式。变更后的劳动合同文本由用人单位和劳动者各执一份。"协商变更劳动合同应遵循以下几个程序：①提出变更理由申请；②对方应及时回复；③协商一致后签订书面变更合同；④变更后书面合同各执一份保存。

（2）协商变更劳动合同需要注意的问题

根据《劳动合同法》及相关的法律法规，变更应当履行劳动合同订立的程序，但需要注意以下几个问题：

①用人单位和劳动者均可能提出变更劳动合同的要求。提出变更要求的一方应及时告知对方变更劳动合同的理由、内容、条件等，另一方应及时做出答复，否则将导致一定的法律后果。

②变更劳动合同应当采用书面形式。变更后的劳动合同仍然需要由劳动合同职工当事人签字、用人单位盖章且签字，方能生效。劳动合同变更书应由劳动合同双方各执一份，同时，对于劳动合同经过鉴证的，劳动合同变更书也应当履行相关手续。

③对特定的情况，不需办理劳动合同变更手续的，只需向劳动者说明情况即可。如用人单位名称、法定代表人、主要负责人或者投资人等事项发生变更的，则不需要办理变更手续，劳动关系双方当事人应当继续履行原合同的内容。

④劳动合同变更应当及时进行。劳动合同变更必须在劳动合同生效之后、终止之前进行，用人单位和劳动者应当对劳动合同变更问题给予足够的重视，不能拖到劳动合同期满后进行。依照法律规定，劳动合同期满即行终止，那时便不存在劳动合同变更的问题了。

⑤劳动合同变更的效力。劳动合同变更是对劳动合同内容的局部更改，如工作岗位、

劳动报酬、工作地点等，一般来说都不是对劳动合同主体的变更。变更后的内容对已经履行的部分往往不发生效力，仅对将来发生效力，同时，劳动合同未变更的部分，劳动合同双方还应当履行。

（三）劳动合同的解除

劳动合同的解除，是指劳动合同在订立以后，尚未履行完毕或者未全部履行以前，由于合同双方或者单方的法律行为导致双方当事人提前解除劳动关系的法律行为。可分为协商解除、劳动者单方解除和用人单位单方解除三种情况。

1. 协商解除劳动合同

协商解除劳动合同，是指用人单位与劳动者在完全自愿的情况下，互相协商，在彼此达成一致意见的基础上提前终止劳动合同的效力。

我国《劳动合同法》第三十六条规定："用人单位与劳动者协商一致，可以解除劳动合同。"此为协商解除劳动合同，即双方当事人在合意的前提下，可以做出与原来合同内容不同的约定，这种约定可以是变更合同相关内容，也可以是解除劳动合同关系。双方当事人一旦就劳动合同的解除协商达成一致，并签订书面解除合同协议，就产生了双方劳动合同关系完结的法律效力。

劳动合同依法订立后，双方当事人必须履行合同义务，遵守合同的法律效力，任何一方不得因后悔或者难以履行而擅自解除劳动合同。但是，为了保障用人单位的用人自主权和劳动者劳动权的实现，规定在特定条件和程序下，用人单位与劳动者在协商一致且不违背国家利益和社会公共利益的情况下，可以解除劳动合同，但必须符合以下四个条件。

①被解除的劳动合同是依法成立的有效的劳动合同；

②解除劳动合同的行为必须是在被解除的劳动合同依法订立生效之后、尚未全部履行之前进行；

③用人单位与劳动者均有权提出解除劳动合同的请求；

④在双方自愿、平等协商的基础上达成一致意见，可以不受劳动合同中约定的终止条件的限制。

2. 劳动者单方解除劳动合同

劳动者与用人单位解除劳动合同，可以分为两种情况：一是由于劳动者自身的主观原因想要提前解除劳动合同；二是用人单位过错导致劳动者不得不提前解除劳动合同。

（1）由于劳动者自身的主观原因想要提前解除劳动合同

《劳动合同法》第三十七条规定："劳动者提前三十日以书面形式通知用人单位，可以解除劳动合同。劳动者在试用期内提前三日通知用人单位，可以解除劳动合同。"劳动者在行使解除劳动合同权利的同时，必须遵守法定的程序，主要体现在以下两个方面。

①遵守解除预告期

规定劳动合同的解除预告期是各国劳动立法的通行做法。劳动者在享有解除劳动合同权的同时，也应当遵守解除合同预告期，即应当提前三十天通知用人单位才能有效，也就是说劳动者在书面通知用人单位后还应继续工作至少三十天，这样便于用人单位及时安排人员接替其工作，保持劳动过程的连续性，确保正常的工作秩序，避免因解除劳动合同影响企业的生产经营活动，给用人单位造成不必要的损失。同时，这样也使劳动者解除劳动合同合法化。否则，将会构成违法解除劳动合同，而将可能承担赔偿责任。

②书面形式通知用人单位

无论是劳动者还是用人单位，在解除劳动合同时都必须以书面形式告知对方。因为这一时间的确定直接关系到解除预告期的起算时间，也关系到劳动者的工资等利益，所以必须以慎重的方式来表达。《劳动合同法》第三十七条还对劳动者在试用期内与用人单位解除劳动合同做了规定。试用期内应提前三日通知用人单位，以便用人单位安排人员接替其工作。

如果劳动者违反法律法规规定的条件解除劳动合同，给用人单位造成经济损失的，还应当承担赔偿责任，劳动者提出解除劳动合同的，用人单位可以不给付经济补偿金。

（2）用人单位过错导致劳动者不得不提前解除劳动合同

《劳动合同法》第三十八条规定，用人单位有下列情形之一的，劳动者可以解除劳动合同：

①未按照劳动合同约定提供劳动保护或者劳动条件的；

②未及时足额支付劳动报酬的；

③未依法为劳动者缴纳社会保险费的；

④用人单位的规章制度违反法律、法规的规定，损害劳动者权益的；

⑤因本法第二十六条第一款规定的情形（用人单位以欺诈、胁迫的手段或者乘人之危，使对方在违背真实意思的情况下订立或者变更劳动合同的……）致使劳动合同无效的；

⑥法律、行政法规规定劳动者可以解除劳动合同的其他情形。

用人单位以暴力、威胁或者非法限制人身自由的手段强迫劳动者劳动的，或者用人单位违章指挥、强令冒险作业危及劳动者人身安全的，劳动者可以立即解除劳动合同，不需事先告知用人单位。

特别解除权是劳动者无条件单方解除劳动合同的权利，是指如果出现了法定的事由，劳动者无须向用人单位预告就可通知用人单位解除劳动合同。由于劳动者行使特别解除权往往会给用人单位的正常生产经营带来很大的影响，法律或者立法者在平衡保护劳动者与企业合法利益基础上对此类情形做了具体的规定，只限于在用人单位有过错行为的情况下，允许劳动者行使特别解除权。

3. 用人单位单方解除劳动合同

《劳动合同法》在赋予劳动者单方解除权的同时，也赋予用人单位对劳动合同的单方解除权，以保障用人单位的用工自主权，但为了防止用人单位滥用解除权随意与劳动者解除劳动合同，立法上严格限定企业与劳动者解除劳动合同的条件，以保护劳动者的劳动权。禁止用人单位随意或武断地与劳动者解除劳动合同。《劳动合同法》中对用人单位单方解除劳动合同的问题，做了比较明确的规定。

（1）因劳动者过错而解除劳动合同

《劳动合同法》第三十九条规定，劳动者有下列情形之一的，用人单位可以解除劳动合同：

①在试用期间被证明不符合录用条件的；

②严重违反用人单位的规章制度的；

③严重失职，营私舞弊，给用人单位造成重大损害的；

④劳动者同时与其他用人单位建立劳动关系，对完成本单位的工作任务造成严重影响，或者经用人单位提出，拒不改正的；

⑤因本法第二十六条第一款第一项规定的情形（劳动者以欺诈、胁迫的手段或者乘人之危，使对方在违背真实意思的情况下订立或者变更劳动合同的）致使劳动合同无效的；

⑥被依法追究刑事责任的。

上述几种情况的劳动合同解除，均是因劳动者的过错造成的，所以，用人单位在解除劳动合同时，不需提前通知，也无须向劳动者支付解除劳动合同的补偿金。

（2）劳动者无过失而解除劳动合同

《劳动合同法》第四十条规定，有下列情形之一的，用人单位提前三十日以书面形式通知劳动者本人或者额外支付劳动者一个月工资后，可以解除劳动合同：

①劳动者患病或者非因工负伤，在规定的医疗期满后不能从事原工作，也不能从事由用人单位另行安排的工作的；

②劳动者不能胜任工作，经过培训或者调整工作岗位，仍不能胜任工作的；

③劳动合同订立时所依据的客观情况发生重大变化，致使劳动合同无法履行，经用人单位与劳动者协商，未能就变更劳动合同内容达成协议的。

另外，当以下条件出现时，用人单位需要裁员，应向工会及全体员工说明，听取工会意见，向劳动管理部门报告。用人单位经济性裁员的两个条件包括：第一，用人单位濒临破产，进行法定整顿期间；第二，用人单位生产经营发生严重困难确须裁减人员。

（3）用人单位不得解除劳动合同的规定

对劳动者无过失而解除劳动合同的情形，《劳动合同法》第四十二条做了特别规定。劳动者有下列情形之一的，用人单位不得解除劳动合同。

①从事接触职业病危害作业的劳动者未进行离岗前职业健康检查，或者疑似职业病病人在诊断或者医学观察期间的；

②在本单位患职业病或者因工负伤并被确认丧失或者部分丧失劳动能力的；

③患病或者非因工负伤，在规定的医疗期内的；

④女职工在孕期、产期、哺乳期的；

⑤在本单位连续工作满十五年，且距法定退休年龄不足五年的；

⑥法律、行政法规规定的其他情形。

（四）劳动合同的终止

劳动合同终止是指劳动合同的法律效力依法被消灭，即劳动关系由于一定法律事实的出现而终结，劳动者与用人单位之间原有的权利义务不再存在。但是，劳动合同终止，原有的权利义务不再存在，并不是说劳动合同终止之前发生的权利义务关系消灭，而是说合同终止之后，双方不再执行原劳动合同中约定的事项，如用人单位在合同终止前拖欠劳动者工资的，劳动合同终止后劳动者仍可依法申请诉求。

1. 劳动合同终止与解除的区别

劳动合同终止与解除存在以下几个方面的不同：第一，阶段不同。劳动合同终止是劳动合同关系的自然结束，而解除是劳动合同关系的提前结束；第二，结束劳动关系的条件都有约定条件和法定条件，但具体内容不同。劳动合同终止的条件中，约定条件主要是合同期满的情形，而法定条件主要是劳动者和用人单位主体资格的消灭。劳动合同解除的条件中，约定条件主要是协商一致解除合同情形，而法定条件是一些违法违纪违规等行为；第三，预见性不同。劳动合同终止一般是可以预见的，特别是劳动合同期满终止的，而劳动合同解除一般不可预见。

2. 劳动合同终止的条件

《劳动合同法》第四十四条规定，有下列情形之一的，劳动合同终止：

①劳动合同期满的；

②劳动者开始依法享受基本养老保险待遇的；

③劳动者死亡，或者被人民法院宣告死亡或者宣告失踪的；

④用人单位被依法宣告破产的；

⑤用人单位被吊销营业执照、责令关闭、撤销或者用人单位决定提前解散的；

⑥法律、行政法规规定的其他情形。

（五）无效劳动合同

无效劳动合同，是指不受国家法律保护的、对用人单位和劳动者双方均无约束力的劳动合同。无效劳动合同有两种形式：一是合同无效，即该合同自订立之日起对双方就没有法律约束力。二是合同部分条款无效。其中无效的条款不受国家法律保护，有效条款仍具有法律效力。

1. 劳动合同无效的确认条件

第一，以欺诈、胁迫的手段或者乘人之危，使对方在违背真实意思的情况下订立或者变更劳动合同。"欺诈"指一方当事人故意告知对方当事人虚假的情况，或故意隐瞒真实情况，诱使对方当事人做出错误意思表示的行为；"胁迫"指以给对方当事人生命健康、荣誉、名誉、财产等造成损害为要挟，迫使对方做出违背真实意思表示的行为；"乘人之危"指一方当事人乘对方处于危难之机，为牟取不正当利益，迫使对方做出不真实的意思表示，严重损害对方利益的行为。例如，用人单位在强迫劳动者交纳巨额集资款、风险金、培训费、保证金、抵押金等情况下签订的劳动合同；用人单位虚假承诺优厚的工作条件签订的劳动合同；劳动者伪造学历、履历或者提供其他虚假情况签订的劳动合同。

第二，用人单位免除自己的法定责任、排除劳动者权利的合同。实践中，很多劳动合同是由用人单位提供的格式合同，其中可能包括对劳动者合法权利限制的内容。例如，约定劳动者自行负责工伤、职业病，规定劳动者在合同期限内不准恋爱、结婚、生育等违反《劳动合同法》和劳动安全保护制度等法律法规的条款。

第三，违反法律、行政法规强制性规定的合同。主要有：一是主体资格不合法的劳动合同，如与童工签订的劳动合同，劳动合同期满后用人单位强迫劳动者续签的合同；二是内容不合法的劳动合同，如违反我国《中华人民共和国职业病防治法》和《中华人民共和国安全生产法》等法律法规条款，以及试用期超过六个月，不购买社会保险，设定无偿或不对价的竞业限制条件等条款的劳动合同；三是损害社会和第三人合法利益的劳动合同，如双方恶意串通，以合法形式掩盖非法目的的合同等，均为无效合同。

对劳动合同无效或部分条款无效有争议的，由劳动争议仲裁机构或者人民法院确认。

2. 劳动合同无效的法律后果

劳动合同无效的，劳动合同应该解除。劳动合同部分条款无效的，其他条款仍然有效。对无效劳动合同的处理，遵循"过错责任原则"，即由有过错的一方承担责任，如果给对方造成损失，还应负赔偿责任。具体有以下三种情况。

（1）劳动者无过错

即导致劳动合同无效，不是由于劳动者的过错，而是其他客观或主观的原因，用人单位应该向劳动者支付经济补偿金；劳动者已付出劳动的，还应该向劳动者支付劳动报酬，其数额参照本单位相同或者相近岗位劳动者的劳动报酬确定。

（2）用人单位的过错

用人单位的过错造成劳动合同无效的，用人单位应该按经济补偿金的两倍向劳动者支付赔偿金。对劳动者造成损害与损失的，按劳动部《违反〈劳动法〉有关劳动合同规定的赔偿办法》补偿：一是造成劳动者工资收入损失的，按劳动者本人应得工资收入交付给劳动者，并加付应得工资收入25%的赔偿费用；二是造成劳动者劳动保护待遇损失的，应按国家规定补足劳动者的劳动保护津贴和用品；三是造成劳动者工伤、医疗待遇损失的，除按国家规定为劳动者提供工伤、医疗待遇外，还应支付劳动者相当于医疗费用25%的赔偿费用；四是造成女职工和未成年职工身体健康损害的，除按国家规定提供治疗期间的医疗待遇外，还应支付相当于其医疗费用25%的赔偿费用；五是劳动合同约定的其他赔偿费用。

（3）劳动者的过错

劳动者的过错造成劳动合同无效，用人单位可随时解除劳动合同，不必支付经济补偿金。劳动者给用人单位造成损失的，也应该按照《违反〈劳动法〉有关劳动合同规定的赔偿办法》的规定赔偿下列损失：一是用人单位招收录用其所支付的费用；二是用人单位为其支付的培训费用，双方另有约定的按约定办理；三是对生产、经管和工作造成的直接经济损失；四是劳动合同约定的其他赔偿费用。

除上面三种情形以外导致劳动合同无效的，可以依照当事人的过错大小以及造成的实际损失，由当事人协商，或者交由劳动合同仲裁机构和人民法院依法裁量。

三、劳动争议

（一）劳动争议的含义

劳动关系的双方既相互依存，又充满矛盾。没有合格、积极的劳动者，任何用人单位都无法完成其使命；没有用人单位提供的工作机会，劳动者也无法施展自己的能力并从工作中得到回报。然而，劳动关系却更多地以争议的形式表现出来。较温和的形式是双方就利益分配、劳动条件等内容的争执；较激烈的形式则表现为剥削与反剥削、压迫与反压迫的斗争，如罢工、请愿、联合抵制等。

劳动争议就是劳动关系当事人之间因劳动的权利与义务发生分歧而引起的争议，又称劳动纠纷或劳资纠纷。劳动争议是现实中较为常见的纠纷。其中有的属于既定权利的争议，即因适用劳动法和劳动合同、集体合同的既定内容而发生的争议；有的属于要求新的权利而出现的争议，是因制定或变更劳动条件而发生的争议。劳动纠纷的发生不仅使正常的劳动关系得不到维护，还会使劳动者的合法权益受到损害，不利于社会的稳定。因此，应当正确把握劳动纠纷的特点，积极预防劳动纠纷的发生，对已发生的劳动争议，应当依法妥善处理。

劳动争议的当事人是指劳动关系当事人双方职工和用人单位（包括自然人、法人和具有经营权的用人单位），即劳动法律关系中权利的享有者和义务的承担者。劳动争议的范围，在不同的国家有不同的规定。根据《中华人民共和国劳动争议调解仲裁法》第二条的规定，劳动争议的范围包括：

①因确认劳动关系发生的争议；

②因订立、履行、变更、解除和终止劳动合同发生的争议；

③因除名、辞退和辞职、离职发生的争议；

④因工作时间、休息休假、社会保险、福利、培训以及劳动保护发生的争议；

⑤因劳动报酬、工伤医疗费、经济补偿或者赔偿金等发生的争议；

⑥法律、法规规定的其他劳动争议。

（二）劳动争议的分类

劳动争议按照不同的标准，可划分为以下三种。

①按照劳动争议当事人人数多少的不同，可分为个人劳动争议和集体劳动争议。个人劳动争议是劳动者个人与用人单位发生的劳动争议；集体劳动争议是指劳动者一方当事人

在 3 人以上，有共同理由的劳动争议。

②按照劳动争议的内容，可分为因履行劳动合同发生的争议；因履行集体合同发生的争议；因企业开除、除名、辞退职工和职工辞职、自动离职发生的争议；因执行国家有关工作时间和休息休假、工资、保险、福利、培训、劳动保护的规定发生的争议等。

③按照当事人国籍的不同，可分为国内劳动争议和涉外劳动争议。国内劳动争议是指我国的用人单位与具有我国国籍的劳动者之间发生的劳动争议；涉外劳动争议是指具有涉外因素的劳动争议，包括我国在国（境）外设立的机构与我国派往该机构的工作人员之间发生的劳动争议、外商投资企业的用人单位与劳动者之间发生的劳动争议。

（三）劳动争议的特征

第一，劳动争议是劳动关系当事人之间的争议。劳动关系当事人，一方为劳动者，另一方为用人单位。劳动者主要是指与在中国境内的企业、个体经济组织建立劳动合同关系的职工和与国家机关、事业组织、社会团体建立劳动合同关系的职工。用人单位是指在中国境内的企业、个体经济组织以及国家机关、事业组织、社会团体等与劳动者订立了劳动合同的单位。不具有劳动法律关系主体身份者之间所发生的争议，不属于劳动争议。如果争议不是发生在劳动关系双方当事人之间，即使争议内容涉及劳动问题，也不构成劳动争议。如劳动者之间在劳动过程中发生的争议，用人单位之间因劳动力流动发生的争议，劳动者或用人单位与劳动行政部门在劳动行政管理中发生的争议，劳动者或用人单位与劳动服务主体在劳动服务过程中发生的争议等，都不属于劳动争议。

第二，劳动争议的内容涉及劳动权利和劳动义务，是为实现劳动关系而产生的争议。劳动关系是劳动权利义务关系，如果劳动者与用人单位之间不是为了实现劳动权利和劳动义务发生的争议，就不属于劳动争议的范畴。劳动权利和劳动义务的内容非常广泛，包括就业、工资、工时、劳动保护、劳动保险、劳动福利、职业培训、民主管理、奖励惩罚等。

第三，劳动争议既可以表现为非对抗性矛盾，也可以表现为对抗性矛盾，而且两者在一定条件下可以相互转化。在一般情况下，劳动争议表现为非对抗性矛盾，这会给社会和经济带来不利影响。

（四）劳动争议处理的程序

1. 劳动争议调解

劳动争议调解委员会调解劳动争议的步骤如下：

（1）申请

劳动争议的当事人应当自其权利在受到侵害之日起 30 日内以口头或书面的形式向劳动争议调解委员会提出申请。

（2）受理

劳动争议调解委员会在收到调解申请后，应征询当事人的意见，对方当事人不愿意调解的，应做好记录，在 3 日内以书面形式通知申请人。劳动争议调解委员会应在 4 日内做出受理或不受理申请的决定，对不受理的，应向申请人说明理由。

（3）调查

劳动争议调解委员会指派人员对劳动争议进行深入的调查研究，掌握一手资料，弄清争议的原因。

（4）调解

在掌握了具体情况之后，劳动争议调解委员会及时召开调解会议，对双方当事人的劳动争议进行调解；制作调解协议书或调解意见书。经调解，当事人达成协议的，制作调解协议书，当事人应自觉履行。调解不成功的，即制作调解意见书，供仲裁机构或人民法院参考。

2. 劳动争议仲裁

仲裁也称公断，是一个公正的第三者对当事人之间的争议作出评断。根据《劳动法》第七十九条规定的精神，劳动争议案件经劳动争议仲裁委员会仲裁是提起诉讼的必经程序。劳动争议仲裁委员会逾期不作出仲裁裁决或者做出不予受理的决定，当事人不服向人民法院提起行政诉讼的，人民法院不予受理；当事人不服劳动争议仲裁委员会做出的劳动争议仲裁裁决，可以向人民法院提起民事诉讼。

3. 劳动争议诉讼

劳动争议诉讼是人民法院按照民事诉讼法规的程序，以劳动法规为依据，按照劳动争议案件进行审理的活动。对仲裁裁决书不服应在 7 日内向法院起诉，过期法院将不再受理。

第六章 人力资源管理创新

第一节　人力资源外包

一、人力资源外包概述

（一）人力资源外包的概念

人力资源外包（Human Resources Outsourcing，简称HRO），是将人力资源管理的一些职能对外承包给专业机构操作的管理策略。旨在有效地提高效率，并使外包职能的运作更加专业化。在组织的人力资源管理实践中，常将非战略性的部分职能用于外包。

正式的人力资源外包过程应当包含的要素有：企业有外包项目需求说明；服务商有外包项目计划书；外包双方经协商达成正式协议合同；服务商根据协议和合同规定的内容完成所承接的活动，企业按照协议合同规定的收费标准和方式付费；外包双方中的任何一方违反协议或合同规定，外包关系即终止；企业如果对服务商的服务不满意并可以用相应事实给予证明，可以提出外包关系终止的要求。

外包服务商是按照外包双方签订的协议和项目计划书为外包方提供相应服务的机构或组织。其主要包括大型会计师事务所、管理咨询顾问公司、人力资源服务机构、高级管理人才寻访机构等。目前，它们通常提供单项人力资源职能服务，也有少数服务商提供全套人力资源职能服务。

（二）人力资源外包的原因

1. 人力资源的社会化分工

知识经济的兴起和人力资源管理专业化程度的提高，导致人力资源管理出现了较明确的社会分工，而人力资源外包正是这种背景下的社会分工的体现。伴随着人力资源管理技术的进步和人力资源管理理论的发展，人力资源管理成为一种高度专业化的技能，人力资源服务成为一种可以在市场上进行交易的知识产品。企业没有必要在非核心的传统性人事业务上花费较长的时间和投入较大的精力，可以直接在市场上寻找到优质的人力资源服务商。

2. 降低成本

成本是企业生存与发展过程中最不能忽视的一个关注点，所有的企业都以最小的成本创造最大的利润为目的。企业的一大部分成本都用于人力资源管理活动，如招募、选拔、培训等工作，如果将这些工作外包出去给专业的服务商，更能节约成本。同时，人力资源外包可以降低一些事务性工作的损失。此外，人力资源外包还带来企业人员的精减和办公场地成本的降低。因此，人力资源活动的外包成为企业摆脱巨大成本压力的必然选择。

3. 集中精力关注核心竞争优势业务

人力资源管理事务性工作通常占人力资源管理活动的 60%~76%，然而决定企业未来发展的人力资源管理活动只占 30%左右，60%的事务性工作占据了人力资源管理部门的大量精力和时间。如果把这些非核心的事务性管理工作外包给服务商，人力资源部门就可以将全部精力投入核心业务中，集中精力参与企业高层的战略规划，使企业在集中优势资源关注核心竞争业务提升的同时没有后顾之忧。

4. 获取专家服务并吸纳人才

专业的人力资源外包服务商往往比企业拥有更专业的专家，实施人力资源管理外包后，企业能寻求专家意见，让具有专业经验的服务机构提供专业指导并得到工作效率更高的服务。这些外包服务商拥有丰富的理论知识和实践经验，对本专业有着深入的理解，他们不仅能根据合约完成相应的任务，而且还会将先进的管理理念引入企业，提升企业的人力资源管理水平，从而吸引优秀的人才加入，降低企业人才的流失率。

5. 精简组织机构，实现部门内扁平化

部分或全部人力资源管理事务的外包必然会导致人力资源管理部门的人员和组织层级的精简。部门层级的压缩会使信息的传递加速，从而避免了信息在传递过程中失真现象的发生。人员精减的结果是增强部门成员的交流与合作，促进隐性知识向显性知识转化。部门内部扁平化的实现，有效地解决了部门信息的共享以及资源的合理分配，使工作效率得到保障。

（三）人力资源外包的优缺点

1. 人力资源外包的优点

其一，在某些特定情况下，人力资源服务商可以为企业提供其所需要的服务，并且总成本低于目前企业支付给其人力资源部门及工作人员的成本总和。

其二，大部分中小型企业不愿意花很多钱或者没有资金去购买某些用于人力资源职能管理所需要的计算机软件和硬件，而人力资源服务商可以提供大量的技术投资。

其三，很多人力资源管理服务商已经培养出履行各种人力资源管理职能所需的人员，而这类人员在劳动力市场上往往是短缺的，他们可以为企业带来先进的技术和思想。

其四，人力资源外包通常是企业进行部门精简和兼并的结果。人力资源外包也是很多企业重组后进行人力资源管理的必经之路。

其五，能快速缩减职能人员预算，迅速影响企业的利润。

其六，在人力资源外包过程中，企业虽然必须对服务商的人力资源活动进行合法的监控，但还是能减少人员以及法律风险。

2. 人力资源外包的缺点

其一，如果企业规划和分析不充分、与服务商的合同条款不全、与外包方合作关系基础不好或后期维护不力、服务商的能力不足，这些都可能导致外包达不到企业预期的目标，甚至给企业造成重大人力和物力损失。

其二，将人力资源职能外包给服务商后，企业面临失去对日常人力资源管理活动的控制，以及与企业员工沟通、互动的某些途径，影响企业文化氛围。

其三，在长期将人力资源职能外包出去的情况下，企业现有部分人力资源工作人员因为工作冲突会面临失去工作的可能，导致企业人才流失。

其四，如果外包服务商选择不好，可能影响企业内部员工的士气，降低员工工作效率。

其五，当人力资源职能严格受法律、法规控制的时候，如果服务商在开展人力资源活动的时候，企业不对其守法情况进行严格控制，企业会面临有关人力资源活动的诉讼甚至巨额赔偿的风险。

其六，企业有时还需要聘请有经验的法律人员等作为外包顾问，这也会导致企业成本增加。

其七，外包可能导致企业内部人力资源部门丧失能力。

二、人力资源外包的实施

（一）人力资源外包的方式

企业应该结合自身的实际，根据自己面临的内外环境因素及其变化趋势等来选择合适有效的人力资源外包方式。人力资源外包有以下四种基本的方式可供企业选择。

1. 人力资源职能整体外包

整体外包是指企业将绝大部分人力资源职能外包给服务商去完成的外包方式。这种外包方式要求人力资源管理服务商有很全面的系统管理能力，而且企业内部员工的沟通、协调工作量会很大。因为这种外包方式的人力资源活动不仅规模大，而且复杂程度高，所以对中型和大型企业来说可能会有问题。虽然整体外包可能是该行业在未来发展中的一个重要方向，但鉴于国内外包服务商的能力以及企业对外包活动的控制力还存在问题，因此目前中型和大型企业实行整体人力资源外包是不可行的，但是未来必定会成为现实。而对小型企业来说，人力资源职能整体外包则比较容易，因为它们的人力资源职能相对简单，企业内部员工沟通也相对容易。

2. 人力资源职能部分外包

部分外包是指企业将部分人力资源职能外包给服务商去完成的外包方式，是目前企业最普遍采用的方式。企业结合自己的实际情况和需求，将特定人力资源活动外包出去，如人员配置、薪酬发放、福利管理等，其他部分的人力资源活动继续由本企业人力资源管理部门负责。这种外包方式更容易达到外包目的。

3. 人力资源职能人员外包

人力资源职能人员外包是指企业保留所有人力资源职能，但让一个外部服务商来提供维持企业内部人力资源职能运作的人员。这种方式可以算是一种员工租赁。采用这类方式的企业常常把内部的人力资源工作人员雇用给服务商。

4. 分时外包

分时外包是指企业将人力资源职能分时间段外包给服务商。有些企业根据经营需要，不同时期需要的技术人员和设备也会不同，所以企业需要分时段地选择服务商来为企业提供不同技术人员和设备。例如，建筑行业在建设工程的不同时段所需要的技术人员不同，因此可以采取此种外包模式选择木工、钢筋工、泥工、装饰工等。

（二）人力资源外包的程序

人力资源外包不是一个简单地将人力资源活动"外包"给服务商的工程。在人力资源外包决策和实施过程中，企业需要考虑一系列战略问题，采取有效手段，保证合理决策和正确执行。

1. 明确人力资源外包的目标

成功的人力资源外包方案始于清晰的短期目标和长期目标。为了保证决策的正确性，企业可以组建一个由来自企业内部不同职能部门（如人力资源、财务、税务或法律）的人员组成的人力资源外包委员会，负责界定、审核人力资源外包目标，确保人力资源外包目标与企业战略协调一致，从战略的高度确定人力资源外包的方向和思路。

在确定了企业人力资源外包目标的基础上，企业还要根据战略要求和人力资源发展的实际需要，判断哪些内容适合外包，哪些内容不适合外包，选择适合自身的外包项目。企业要根据现有资源及实际需要，选择适合自己的外包方式，以保证人力资源外包工作顺利进行。

人力资源外包委员会在做人力资源职能外包决策的时候，还要对外包的成本以及可能的投资回报进行一次完整的成本效益分析。在人力资源活动外包方面，比较常见的一种成本效益衡量方式是：核算现有工作人员完成某特定活动的成本（包括薪资、福利、办公空间、电话、计算机设备、办公用品等），再将此成本与该活动外包的成本进行比较。

2. 进行研究和规划

企业透彻地研究拟外包的人力资源职能领域非常重要，因为每个领域都有其特有的一系列机遇和风险。企业要研究的三个重要因素是企业内部能力、外部服务商的可获得性以及成本效益分析。在着手实施外包之前，要仔细调查潜在的服务商市场，认清外包不是一种产品，也不是一种流程。企业任何人力资源方面的问题都不会只因将那些事情委托给第三方就消失了。在提供服务的过程中，服务商的问题就是企业自己的问题，反之亦然。外包是一种合作关系，它要求发包与承包双方保持沟通和配合。因此，从产生外包念头开始，直到整个外包项目实施过程的各个环节，企业都应当进行深入的研究和完善的规划。

在进行人力资源活动外包研究和规划后，接下来企业一方面要根据目标制定完善的外包计划和方案。企业在外包前，要将所要外包的职能进行细分，列出每一步的细节并给出预算成本。另一方面要确定外包各阶段的时间表。这种时间表为企业设定了一个时间线路，引导人力资源外包工作达到启动目标。这个时间表也可以随着企业的变化而修改。为了保证外包职能的顺利交接，所有参与制订和执行这个时间计划的人都应当提供意见。

3. 选择合适的外包服务商

企业可以通过竞标、中介、直接寻找等各种形式选择服务商，无论哪种形式都必须确保是根据企业的实际情况选择的服务商。外包服务商一般分为三类：第一类是普通的中介咨询机构。它们从事的业务比较广，人力资源管理承包仅仅是它们诸多业务中的一项。企业可以把人力资源管理的某项工作交给他们去做。第二类是专业人才或人力资源服务机构，如快递公司、猎头公司。第三类是高等院校、科研院所。企业可就一些专业性强的问题向它们寻求帮助。

企业在选择外包服务商时应从以下三个方面来考虑：一是外包价格。人力资源外包要考虑服务的价格，因为人力资源管理的某项工作外包以后，企业必须承担一定的外包成本。如果成本过高，甚至高于由企业内部自己承担业务的成本，那就没有必要实施外包。二是服务商的信誉和质量。企业在选择外包服务商时，必须确认其可靠性，因为这将对整个工作的完成以及企业的发展起到决定性的作用。比如，薪酬设计外包就是最典型的例子。薪酬管理属于商业机密，一旦泄露给竞争对手，必将对企业产生极其不利的影响。因此，企业在为涉及企业机密、员工满意度、工作流程等敏感性人力资源管理工作选择服务机构时，必须确信其可靠性。三是企业还要根据本企业人力资源管理工作量的大小，综合考虑服务机构的各方面条件和能力，选择适合于本企业的服务机构。一旦选定，则应制订长远的合作计划。最好是请熟悉的或过去曾经合作过的服务商提出计划书。企业如果从未用过服务商，可以与其他一些最近正在做人力资源职能外包的人力资源专业人员交流，以获取他们的服务商名单和信息。

4. 协商签订一份完善的合同

企业要认真研究相关的法律，根据双方实际情况制定一份详细体现对服务商要求的合同书。企业最好拥有不满意随时取消合同的权利。企业必须用具有法律效力的外包合同来约束服务商的行为。外包合同是维护双方权利和义务的可靠凭证，也是外包成功的必要条件。企业要对外包工作的关键部分进行有效控制。开始时企业对外包服务商的某些工作可能不适应，这时要加强双方的沟通与协调，增进相互了解，以避免人力管理工作中出现偏差或失误。企业人力资源部门要分析问题是短期的还是长期的，要从长远的角度评价企业的外包工作，也可以根据具体的情况设计一定的激励措施，以加强双方的合作，并由此实现风险的分担。在正式签订合同前，必须请有经验的律师对合同的所有条款进行最后一次审查。

5. 加强宣传与充分的沟通

沟通是使外包项目取得成功的至关重要的因素之一。企业在具体实施人力资源活动外包之前，应当特别注意内部人力资源职能人员。他们知道企业在考虑某些人力资源职能外包出去之后，自然会为自己的工作而担心，尤其是那些有抱负仍留在本部门的员工会觉得自己的晋升机会受到了很大的限制。所以，企业应当加强对外包必要性的宣传，重视开展与管理者及员工的沟通工作，让员工了解他们在人力资源外包中扮演的角色，消除猜疑和不满，赢得员工的支持，并鼓励他们参与外包项目。通过沟通，员工相信企业会帮助他们更好地发挥一线员工在变革中的积极作用。同时，还必须设计有效的沟通方法。例如，面对面的沟通、书面沟通、召开全体大会、发布公告、电子邮件、企业内联网等，都是有效的沟通方式。要根据沟通的对象特点、内容特点，确定沟通的方式、范围等。

6. 维护好与服务商的合作关系

为了使人力资源职能外包项目取得成功，在整个合同执行期间，企业与外包方都必须花时间建立和维护良好的工作关系。在企业与外包服务商的合作过程中，外包服务商在开展业务时会因为不熟悉业务和人员而需要企业各部门及时提供信息，而企业的业务发展也离不开外包服务商。例如，企业管理层应指定专门的人参与外包项目，并作为交流的"中介"与外包服务商沟通，以此强化外包服务商与内部员工的沟通。这样可以让外包服务商更快、更充分地了解企业环境、人员和企业文化，真正融入企业中，尽早发现问题，并根据实际情况采取因地制宜的措施解决问题。双方应建立起双赢的合作关系，共同把工作做好。

7. 监控和评价服务商的工作绩效

企业应该在最初与外包服务商签订合同时，就与之沟通双方期望达到的绩效水平并建立衡量标准，以此作为依据来评价外包服务商所提供服务的质量。企业要按照合同中的要求，定期对外包项目执行情况进行检查，并审查外包合同的履行情况，将发现的问题及时反馈给外包服务商，促使人力资源外包工作以良好的态势不断向纵横层次发展。

外包评估与控制是降低人力资源外包风险的重要手段。企业应该对外包进行定量分析与评估，预测风险发生的概率及损失的大小，并在此基础上提出可行方案，从而达到控制风险的目的。也可以对人力资源外包的成果进行阶段性验收，找出外包服务商的不良工作表现，及时发现风险并加以控制。

8. 解除与服务商的合作关系

企业将人力资源外包的同时，将在服务商那里建立数据库。当企业要解除与服务商的合作关系时，就会涉及如何处理与服务商的关系以及如何避免企业人力资源信息泄露或缺损等问题。在退出外包的过程中，企业要处理好外包带来的一系列相关问题：管理者要谨慎地解除与服务商的合作关系，终止外包合同并把有关信息整理记录，备案归档，避免企业信息因服务商的退出而缺损、流失，防止机密信息泄露带来的风险和损失。同时，企业要培养员工不断学习的能力，以提高适应能力与自主防范能力，避免过分依赖外包服务，并确保在解除外包关系之后能及时有效地继续开展人力资源管理工作。

三、人力资源外包的发展趋势

1. 人力资源外包领域逐渐扩展

企业在开始实行人力资源外包时，通常只外包一两项人力资源职能或某一职能中的一两个活动给人力资源服务商。企业在与服务商合作的过程中，由于人员缩减能得到越来越好的成本效益，于是企业愿意将更多的人力资源职能外包给服务商。与此同时，伴随着人力资源外包服务商能力的提升，它们提供的服务项目的范围也在不断扩大，人力资源外包从最开始的培训活动、福利管理等人力资源活动的外包，发展到今天的人员招聘、工资发放、薪酬方案设计、国际外派人员服务、人员重置、人才租赁、保险福利管理、员工培训与开发、继任计划、员工援助计划等更多方面的人力资源活动外包。

2. 企业利用外包顾问进行外包工作

人力资源外包的市场需求越来越多，在这种背景下，越来越多的服务商也应运而生，而且大多数服务商能提供合理的价格给企业并完成相应的服务。面对如此多的服务商，企业常常感到难以判断和抉择。于是企业内部需要有人力资源外包方面的专家，这种专家对有效处理外包项目又是必需的，然而企业很少有人力资源外包专家。于是企业再一次向服务商寻求帮助，寻找具有特定外包专业知识的专家来帮助企业进行外包项目的分析、谈判和决策，以及部分外包过程的管理，这可谓外包之外包。于是，许多人力资源外包服务商将人力资源专业作为新的人力资源外包业务。

3. 外包服务商结成联盟

由于人力资源外包服务长期被分割成许多业务，成千上万的顾问和比较小的咨询服务公司都在提供一定范围的人力资源职能外包服务，于是大型会计事务咨询公司和大型福利咨询公司就不断联合，从而增加自身实力。在联合前，中型或大型企业想将多个或全部人力资源职能外包出去需要好几个服务商，这往往会使其整个人力资源职能外包过程变得复杂，工作更低效。在整个20世纪90年代，企业人力资源外包给服务商的活动集中在福利保险管理职能；到 20 世纪 90 年代末，企业对福利保险管理外包服务的需求迅速增加，给福利咨询领域带来了一场重大的并购。

4. 人力资源外包成为企业的一种竞争战略

今天，企业高层管理人员最关注的问题是企业的竞争优势。企业在发展过程中，为了获取市场竞争优势，不得不进行战略创新，力图使有限的人力资源聚焦于核心项目。人力资源外包正是这种创新背景下的产物之一，其目的是让企业内部有限的人力资源聚焦于直接创造价值的战略活动，提高人力资源服务的附加价值。

人力资源服务是一种企业全体员工和业务管理人员共同完成的服务。企业高级人力资源管理人员和专业管理人员正在接受挑战，要重建核心能力，帮助企业制订和实施解决战略问题的人力资源方案。此外，人力资源部也在改变其官僚主义的文化，成为以客户为中心的部门，提供更有价值的服务。人力资源外包，特别是在企业与人力资源服务商形成良好合作伙伴关系的情况下，成为企业内部人力资源工作的核心能力。因此，它正在成为企业的一种竞争战略。

5. 人力资源外包服务向全球化方向发展

经过大规模并购重组而产生的大型人力资源服务商将人力资源职能外包市场扩大到全球范围内，其服务对象扩大到国际型、全球型的大企业。为此，它们在全球开设分支机构，密切关注国际型企业的战略规划与人力资源管理体制改革，积极开发全球人力资源解决方案。许多专家认为，人力资源外包全球化是目前人力资源外包领域最有前景的发展方向，它将影响企业人力资源职能外包的发展。

第二节　电子化人力资源管理

一、电子化人力资源管理的概述

（一）电子化人力资源管理的概念

在 21 世纪，随着时代的进步和互联网的高速发展，人类全面迎来电子信息化时代。在这种时代背景下，人力资源管理也发生了变革，同时促进了电子信息技术和人力资源管理共同发展，于是产生了一种新的人力资源管理模式——电子化人力资源管理。

所谓电子化人力资源管理是基于先进的软件和高速、大容量的硬件，通过集中式信息库、自动处理信息、员工参与服务、外协及服务共享，管理流程电子化，达到降低成本、提高效率、改进员工服务模式目的的过程。简单地说，电子化人力资源管理就是指企业利用计算机技术和互联网来代替人力资源管理部门，实现人力资源管理的部分职能，它通过联系企业现有网络技术，保证人力资源管理随着日新月异的技术环境发展而发展。

（二）电子化人力资源管理的优点

相对传统手工操作的人力资源管理而言，电子化人力资源管理有许多优势。首先，电子化人力资源管理充分发挥互联网的优势，很大程度上提高了人员管理的工作效率，降低了企业管理成本。其次，通过电子化人力资源管理，人力资源管理工作更透明、更客观，人力资源管理重心也因此可以往下移动。这一人员管理的重心下移，在传统的人力资源管理模式下是不可能办到的。因为电子化人力资源管理常常是集中数据管理、分布式应用，通过采用全面的网络工作模式可以实现信息的全面共享。这样一来，它使人力资源管理部门的工作可以跨时间、跨地域进行，公司的人力资源管理也因此保持了高度的统一性和连贯性。

在实际操作过程中，虽然越来越多的人力资源管理活动将委托给经理来实施，但人力资源管理体系的建立、人力资源管理活动的计划、管理过程的监控以及管理结果的汇总与分析都需要人力资源部门统一来完成，只是人力资源管理活动的过程将更多地授权给经理完成。因此，对人力资源部门而言，除了负责电子化人力资源管理平台的系统管理之外，更多的是通过电子化人力资源管理平台来进行人力资源管理活动的计划、监控与分析，而不是进行大量的数据维护，因为数据维护的工作经授权后将逐渐由经理与员工分担完成。当然，出于管理的需要，类似于薪酬管理这样的职能，很多企业还将以人力资源部门为主来完成。

首先，对 CEO（首席执行官）而言，电子化人力资源管理是人力资源信息查询与决策支持的平台。CEO 能不通过人力资源管理部门的帮助，自助式地获取企业人力资源的状态信息。在条件允许的情况下，CEO 还能获得各种辅助其进行决策的人力资源经营指标。其次，利用电子化人力资源管理平台，当某个人力资源管理活动的流程到达 CEO 处时，CEO 还可以在网上直接进行处理。对经理来讲，电子化人力资源管理是其参与人力资源管理活动的工作平台。通过这个平台，经理可在授权范围内在线查看所有下属员工的人事信息，更改员工考勤信息，向人力资源部提交招聘、培训计划，对员工的转正、培训、请假、休假、离职等流程进行审批，并能在线对员工进行绩效管理。员工利用电子化人力资源管理平台，可在线查看企业规章制度、组织结构、重要人员信息、内部招聘信息、个人当月薪资及薪资历史情况、个人福利累计情况、个人考勤休假情况，注册内部培训课程，提交请假或休假申请，更改个人数据，进行个人绩效管理，与人力资源管理部门进行电子方式的沟通等。

（三）电子化人力资源管理的价值

相对传统的人力资源管理方式而言，电子化人力资源管理的优势除了表现在以计算机代替人工管理外，从某种意义上说是人力资源管理方式的一种革命。它的价值体现在以下五个方面。

1. 显著提高人力资源管理的效率

人力资源管理业务流程包括大量事务性、程序性的工作，如员工招聘、人员培训、薪酬福利、绩效考评、激励、沟通、退职、退休等。这些工作都可以借助电子信息技术的应用，通过授权员工进行自助服务、外协及服务共享等，这样既可以实现无纸化办公，又可以大大节省费用和时间，显著提高工作效率，使人力资源管理从烦琐的行政事务中摆脱出来，投入核心事务中。

2. 更好地适应员工自主发展的需要

知识型员工十分注重个性化的人力资源自身规划，需要对自身的职业生涯计划、薪酬福利计划、激励措施等有更多的决策自主权。网络的交互性、动态性可以使人力资源管理部门根据个人的需求和特长进行工作安排、学习、培训和激励，让员工实施自我管理成为可能，使其能更加自主地把握自己的前途。

3. 加强公司内部相互沟通以及与外部业务伙伴的联系

随着公司规模的不断扩大，公司各部门之间、员工之间、公司与外部业务伙伴之间很难进行高效的沟通，但在市场竞争如此激烈的环境下，全方位的沟通极为必要。网络不但可以成为公司员工之间的纽带，帮助他们克服工作时间不同、工作部门不同、工作地点不同的障碍，促进他们之间相互了解和沟通，同时还可促使企业与外部业务伙伴在人才、技术、知识等方面的资源共享，提高适应市场的能力。

4. 有力促进企业电子商务的发展

电子商务的发展依赖人力资源管理的不断完善，在电子化人力资源管理中，职位空缺公布、专家搜寻、雇员培训与支持、远程学习等将变得更为高效。与此同时，电子化人力资源管理为建立虚拟组织并实现虚拟化管理，建立知识管理系统，创建学习型组织，提供了极为有利的条件。

5. 提高企业人力资源管理水平，加快企业人力资源的开发

电子化人力资源管理通过应用计算机网络和数据库，让企业的人力资源管理变得更为科学，人才配置更为合理，同时使人力资源管理更为公正、透明。有关人力资源管理方面的各种政策、规定也将因广泛参与而变得更加实际、可行，这有助于提高企业人力资源开发水平。

二、人力资源管理信息系统

（一）人力资源管理信息系统的主要功能

1. 人事管理

人力资源管理信息系统的雇员数据具有广泛的适用性，无论是只有几百人的小企业还是有几万名员工的跨国公司，都可以将不同国家、地区具有特殊要求的雇员数据集中存储在一个系统中。同时，用户还可以根据自身的需求增加信息类型。针对一些重要的文件和照片可以通过文档连接扫描进入系统。因为该系统具有强大的报表功能，所以可以满足用户的各种需要，选择不同的报表格式输出。

2. 人力资源规划的辅助决策

在现代化企业管理过程中必然会面临频繁的人事变动和企业重组，企业的管理者可以运用人力资源管理信息系统编制本企业的人员结构及组织结构规划方案。该系统可以自动模拟、评估和比较各种方案的优势与不足，产生各种方案的结果数据，并通过图形的方式非常直观地呈现出来，这有利于企业管理者做出最终的决策，使企业在激烈的市场竞争中立于不败之地。除此之外，人力资源规划管理系统还可以制定职务模型，包括职位要求、升迁路径和培训计划。面对担任不同职位的员工，系统会提出针对本员工的一系列培训建议。如果机构改组或职位变动，系统会提出一系列的职位变动和升迁建议，以上规划一旦被确认，现有结构就会被替换。

3. 时间管理

时间管理体现在以下三个方面：①根据本国和当地的日历，灵活安排企业的运作时间以及员工的作息时间表；②对员工加班、作业轮班、员工假期以及员工作业顶替等做出一套周密的安排；③运用远端考勤系统，将员工的实际出勤情况记录到主系统中，与员工薪资、奖金有关的时间数据会在薪资系统和成本核算中做进一步处理。时间管理可以支持人

力资源管理信息系统的规划、控制和管理过程。

4. 人事考勤管理

员工是企业的重要组成部分。合理地管理、有效地安排员工的工作时间和公平的报酬是激发员工积极性、形成完美的工作团队、发挥个人最大潜能的前提条件，而人事考勤管理组件就可以提供这样一个优秀的管理平台。

人事考勤管理组件是人力资源管理信息系统的主要组成部分，其分为"员工个人资料"和"出勤考核管理"两个部分。

"员工个人资料"主要用于管理员工的一些个人资料。该组件不仅可以快速清楚地了解员工们现在的基本情况，还可以了解他们的成长过程；支持多种职称类别并存，可以更合理地管理公司的员工，激发他们的工作积极性。除此之外，该平台还可以量化员工的工作能力，用图表呈现出来，更有效地提供有关员工能力的报表，更公平地分配员工的报酬，这也让员工群组之间可以更有效地完成各项复杂任务，节省宝贵的时间。

"出勤考核管理"主要用来管理员工日常上下班的考勤状况，并提供明细和年汇总资料。考勤区间设置时可以随意按照公司需要安排考勤时间。对各种单据进行管理，使以往的事情有据可查。

5. 薪资核算管理

薪资政策对公司的发展来说是一个重要组成部分。制定适当灵活的薪资政策尤为重要，它不但可以提高公司在人力资源方面的竞争力，更能提高公司整体的竞争力。"薪资管理"组件将是公司制定适当灵活薪资政策的一个好帮手。灵活、高效的薪资系统能根据公司跨地区、跨部门、跨工种的不同，制定不同薪资结构和处理流程，以及与之相适应的薪资核算方法。该组件与时间管理直接集成，减少了人为因素的介入，消除了接口中存在的问题。不仅可以自动提供工资的各项扣减、员工贷款等功能，还具有强大的回算功能。当薪资核算过程结束以后，员工有关上一薪资核算期的主数据会发生变化，而在下一薪资核算期内，回算功能自动触发并进行修正。"薪资管理"组件是人力资源管理信息系统中帮助客户制定适当灵活的薪资政策的主要手段。

（二）人力资源管理信息系统的实施

网络的畅通、基础的夯实和流程的规范是一个企业成功实施人力资源管理信息系统的三个必备条件。我国的企业将更多的注意力放在人力资源管理的具体操作层面上，从而导致我国很多企业在人力资源管理与开发上还处于比较基础的阶段。人力资源管理信息系统在实施过程中应该注意以下两个问题。

1. 采购方通过系统要解决什么问题一定要明确

人力资源管理信息系统软件第一个特点就是它更多的是一种知识、一种服务，与传统的我们看得见、摸得到的产品有很大的差别。如果软件实施后没有发挥相应的作用、起到相应的效果，那么这个软件系统从某种意义上来说就是失败的。第二个特点就是软件产业发展到今天，它只是一种手段和工具，而不是买来做装饰品的一个摆设。在实施电子化人力资源管理之前，采购方应该明确以下几个内容。

（1）管理与具体的技术无关

这好比中国人用筷子吃饭，西方人用刀叉吃饭。企业需要关注的是产品，而不需要去关注这个产品是从哪个生产车间生产出来的。

（2）信息化的前提条件是管理本身流程化、规范化

企业只有把现在的工作做得很清楚和很规范，而且具备运行的条件，这样才能说是信息化。很多企业总是听供应商说产品如何好，然而如果采购方本身不具备适当的软环境，那么没有必要去跟风做信息化的事情。当然，如果供应商能帮企业把管理的事情流程化、规范化，那么企业就可以去做信息化的事情。

（3）采购方准备把管理内容信息化

企业如果仅仅是为了实现企业的报表，那么完全可以选择一个报表工具；企业如果仅仅是为了实现流程的流转，那么完全可以采用办公自动化系统来实现；企业如果仅仅为了打印工资单，那么企业买电子表格里面附加的那个打印工资单的小软件就可以实现。采购方不能仅是靠供应方的产品介绍来选择自己要做的信息化内容，而应该整理清楚自己要做哪些事情，明确自身的发展战略。当然，这个过程可以与供应方配合来完成。

2. 事务性系统与平台型系统之间的选择

包括国家机关在内的很多单位现在非常清楚人力资源管理系统一定要定制。现代人力资源管理把人事业务划分为六个核心模块，对人力资源管理信息化而言，最核心的部分还是以下几个内容：①管理内容自定义；②管理流程自定义；③管理模式自定义；④决策分析自定义。到目前，只有具备以上内容的产品才能算得上人力资源管理平台。

采购方在选择系统之前，应该把自己所要做的管理信息化的内容整理成一个需求文档，这个文档可以作为以后采购或者验收的必要文档。

（1）事务性工作的类型

企业如果仅仅为了给上级提供所需要的报表，或者仅仅为了一个比较固定的工资发放

模式，那么完全可以选择事务性的软件，这种软件就是帮企业解决更多的事务性工作。比如，职称的批量变动。因为可能不需要保留这些变动的痕迹以及后续的处理，一次性导入数据就可以完成。不过这里也得说明一下，因为报表也好，数据格式也好，都是在不断变化的。企业在选择这些产品时也要更多地了解其是否有相关的灵活性。至于报表工具，要选择国际通用的规则，而不是某家公司自己的规则，否则今后会很难操作。

（2）平台型软件所能解决的业务

现代企业，特别是大型企业有以下三个特点：①企业扩张快。管理所要达到的深度以及维度是传统意义上的企业不能比的。②人员流动率比较高。与传统企业只是处理招聘大学生入职以及员工退休这些简单事务不一样，现代企业有更多的员工异动要处理。③管理模式随时在变化。比如，薪酬发放模式，就是因为人员从事的工作不同而不同。至少以上的管理内容是传统意义上的事务性软件解决不了的，这些需要平台型软件来支撑。

（3）当前事务以及长远发展的平衡

实际上，就软件系统而言更多的是数据、流程、报表以及决策。如果连数据、流程都整理不清楚，就不要奢望能产生什么精美的报表了。采购方做得更多的是要把自己的管理信息化，这个系统是一个工具而不仅仅是一个报表工具。但实践的结果是，要么这些项目是一个公司负担，要么就是在信息化还没有完成时就已经开始找其他公司第二次实施了。毕竟企业是要发展的，一个短期的项目不可能获得人事部门所有人员的支持。

三、我国电子化人力资源管理优化

由于电子化人力资源管理在发展中日益凸显的不完善性和重要性，建立合适的电子化人力资源管理项目对我国企业来说是非常重要的，企业应借助电子化人力资源管理的发展和优势来提高管理效率与提升管理水平。各企业应该从以下几个方面出发来建立适合自身发展的电子化人力资源管理项目。

1. 建立深入人心的"以人为本"的企业文化

对一个企业而言，"以人为本"不是一句响亮的口号，而应该是各个部门和员工都认可的、遵循的经营战略。不同部门围绕这个战略不应该将重心放在争论谁赢得客户上，而应该一致地去想如何更好地服务客户。只有这样，才能实现企业文化向良好的方向变革和重组，从而为电子化人力资源管理的实施提供有利的文化环境。

2. 不仅仅是选产品，更是选合作伙伴

电子化人力资源管理不仅仅是一个买来就用的软件产品，更是包含系统规划、系统实施与二次开发、培训、系统维护与升级、系统应用管理等众多环节的复杂项目管理。因此，企业在选择电子化人力资源管理时，不能只关注产品本身的特性与价格等，还应该深入了解产品技术框架、供应商的服务能力、供应商业务发展趋势以及公司的发展前景等关于供应商综合实力方面的因素。电子化人力资源管理项目要想成功的必要条件是选择一个实力雄厚、产品优秀并且经验丰富的电子化人力资源管理供应商。

3. 不求一步到位，但要有长期规划与持续发展

企业选择电子化人力资源管理要根据自己的实际情况，不能急于求成、盲目追求一步到位。电子化人力资源管理建设要想成功，就必须有一个长期的电子化人力资源管理建设规划，形成良好的人力资源管理、规范行为、流程以及网络环境。在推进电子化人力资源管理建设的时候，首先，应该从建立简单的电子化人力资源管理系统入手，减少事务性工作处理的手工操作，将人力资源管理人员解放出来；其次，进行专项的系统建设，如招聘、数字（化）学习、培训等系统；最后，建设一个大型的电子化人力资源管理项目。同时，电子化人力资源管理建设也要考虑同企业的其他信息系统相连。

4. 融合企业人力资源战略，推进人力资源管理规范化

企业保持竞争优势和竞争力的有效途径有很多，如企业人力资源战略管理。因而在实施电子化人力资源管理项目时要与企业人力资源战略结合起来。企业应该完善人力资源的规范行为与流程，先进的电子化人力资源管理是以先进的人力资源管理思想为指导的，企业首先也应该让员工接受这些先进的管理思想。电子化人力资源管理将人力资源管理工作上升到战略高度，它以提升组织管理能力和战略执行能力为目标，创建以能力素质模型为基础的任职管理体系、以绩效管理为核心的评估与激励体系、以提高员工整体素质能力为目标的培训与招聘体系，帮助企业实施由 CEO、人力资源管理经理、业务经理和员工全员参与的现代企业人力资源战略。

第三节　国际化人力资源管理

一、国际化人力资源管理概述

（一）国际化人力资源管理的概念

著名管理学家摩根认为，国际化人力资源管理是人力资源管理活动、员工类型和企业

经营所在国类型三个维度的互动组合。

人力资源管理活动是指人力资源管理的六项基本活动，即人力资源规划、员工招聘、绩效管理、培训与开发、薪酬计划与福利、劳动关系。

三种与跨国人力资源管理相关的国家类型，即所在国、母国和其他国。所在国是指在海外建立子公司或分公司的国家；母国是指公司总部所在的国家；其他国是指劳动力或者资金来源国。

三种跨国公司的员工类型，即所在国员工、母国员工和其他国员工。简言之，国际化人力资源管理主要是指跨国公司的人力资源管理，是跨国公司在国际经营环境下，有效利用和开发人力资源的管理活动或过程。

（二）国际化人力资源管理的特点

与国内公司相比，跨国公司面临的经营环境更加复杂，其中包括政治环境、法律环境、经济环境、文化环境等。这些复杂的环境使国际化人力资源管理比国内人力资源管理更复杂。换言之，国际化人力资源管理具有以下四个主要特点。

1. 更丰富的人力资源管理活动

国际化人力资源管理通常涉及两个以上的国家，管理程序和内容更加复杂。例如，外派员工任职前的培训工作、语言的培训和翻译、国际税收、与所在国政府和所在社区的关系、外派人员的家属安置等都比普通人力资源管理更加复杂。

2. 更多外部因素的影响

国际化人力资源管理会受到所在国政府的类型、可接受的工商企业运营方式及经济状况等诸多外部因素的影响。例如，外派员工的薪酬是以所在国的货币作为计价单位的，而本国与所在国货币汇率的变化将影响这些外派员工实际收入的多少。诸如此类的问题都需要国际化人力资源管理加以考虑与协调。

3. 更多的风险

国际化人力资源管理受到诸多外部因素的影响，会面临更多的风险与挑战，如外派人员的不适应会给公司的经营带来损失，所在国的政治、法律制度的变化有可能直接给公司的人力资源发展战略带来影响，国际政治局势的动荡、地区冲突和治安恶化等更是国际化人力资源管理必须面临的巨大风险。

4. 更高的人力资源管理成本

国际化人力资源管理成本要比国内人力资源管理成本高。比如，外派人员的薪酬福利、培训成本、差旅费用等都比国内人力资源管理的开支高。

（三）国际化人力资源管理的模式

1. 民族中心型管理模式

在这种管理模式中，跨国公司直接将母国公司中的管理政策、管理知识、管理风格、评价标准和工作方法移植到海外子公司，由母公司派出管理人员和技术人员到海外子公司。同时，海外子公司一般都遵循母公司的人力资源管理习惯，公司高级管理人员只有母国的管理人员才能当选。海外子公司人力资源管理的政策受到母公司严格控制，关键的管理与技术人员均由母公司直接派遣到海外子公司，一般信息服务部门才会聘请所在国管理人员，所在国雇员普遍从事次要或辅助性工作。在这种情况下，海外子公司的人力资源管理就需要在母公司的规定与所在国当地的员工可以接受的政策之间进行协调，工作比较复杂且难度较大。民族中心型管理模式的一个重要特征是：战略性的决策由母公司完成，海外子公司只能遵照执行，很少有自主决策权。综上所述，在母国与海外子公司所在国文化背景差异小的情况下，民族中心型管理模式适用。由于海外子公司是初建，与母公司之间联系密切，它们之间的交流是十分必要的。同时，也有利于经营活动中技术的保密。其缺点在于：由于重要决策权在母公司总部手中，海外子公司管理人员难以就当地需要成功地与总部进行沟通，所在国员工的职业生涯发展也常常受限，母公司的管理风格和文化很难进入海外子公司，即使进入海外子公司也可能引起摩擦和冲突。

2. 多中心型管理模式

在这种管理模式中，海外子公司与母公司基本上是相互独立的，海外子公司根据所在国环境采取适合自身发展的人力资源管理政策和风格，所在国当地员工可以担任海外子公司重要管理岗位，这实质上是本土化的一种做法。多中心型管理模式的主要特征是：母公司派出的管理人员很少，海外各子公司有一定的决策权，海外子公司由所在国当地人管理。

采用多中心型管理模式的优点是：①避免了工作中由于语言不通形成的交流和沟通障碍，降低高级管理人员及其家庭的适应问题和对管理人员进行培训的费用；②防止由于文化背景等方面的差异造成的误解和矛盾的发生；③使用所在国当地人才避免了一些敏感的政治风险；④可以利用所在国低工资的优点来吸引高质量的人才；⑤减少了海外子公司人员的频繁流动。

其缺点主要是：①雇用的所在国当地人员一般不了解整个母公司的国际化经营战略，

从而影响公司的发展；②当地人员由于所接受的教育、业务经验和文化环境不同，很难沟通和协调该海外子公司与跨国公司其他部分的关系；③当地人员的提升会受到限制，简单地说，提升到一定的职位，就不能再提升了。

3. 地区中心型管理模式

在这种模式中，海外子公司按照地区进行分类，如欧洲区、亚洲区、北美区等。各个地区内部的人力资源管理政策尽可能地协调，海外子公司的管理人员由本地区任何国家的员工担任，地区内部的协调与沟通的程度很高，而在各个地区与母公司总部之间的沟通与协调是很有限的。地区中心型管理模式的主要特征是人员可以到外国任职，但只能在一个特定的区域内。这种管理模式的主要优点是能促进海外子公司所在地区内的人员互动。其缺点是在地区内可能形成"联邦主义"。

4. 全球中心型管理模式

在这种模式中，海外子公司可以在全球范围内配置母国人员、所在国人员和第三国人员。在世界范围内的国家开展招聘和选拔优秀员工，只要达到受聘的要求便起用，不管录用人的国籍、种族和文化背景。这种模式更重视高级管理人员能否胜任职位要求，而淡化任何对个人国籍或任职国家的考虑。全球中心型管理模式的主要特征是：跨国公司在全球范围内配置人力资源，只强调能力而不介意所聘用人员的国籍。这种模式的主要优点是：跨国公司在全球范围内寻找优秀的工作人员，有助于形成大批的具有国际经验的高级管理人员，建立跨国公司文化。其缺点是：培训和工作调配的成本很高，外派人员的报酬高于所在国籍的员工。大型跨国公司更适用这种策略。

二、国际化人力资源薪酬管理

国际化人力资源薪酬管理既要保持与母公司的整体经营战略一致，同时还必须考虑当地劳动力市场的工资水平、劳动报酬方面的法规和文化倾向。各海外子公司的人力资源经理要为所在国的员工、母公司派出的员工和第三国的员工制定三种不同的薪酬制度。下面主要介绍国际化人力资源薪酬政策的目的与要求、多元化报酬体系和外派人员的薪酬体系等方面的内容。

（一）国际化人力资源薪酬政策的目的与要求

跨国公司在各个国家子公司的人力资源经理在工作中面临着很多困难，在不同的国家，对员工的养老金、社会保障、医疗保险和其他各种福利的管理规定存在着很大的差别。例如，在有些国家，公司在传统上要为员工提供住房、上下班的交通条件和年终奖金，而在另一些国家却不是这样。所以，制定国际化人力资源薪酬政策要做到：一是要与跨国公司的总体战略以及企业的需求一致；二是能将人才吸引到跨国公司最需要的地方并能留住他们，因此要有竞争性，而且要认识到诸如出国服务的激励、税收平等以及合理费用的报销等因素的作用；三是要有利于公司以最经济的方式调动外派人员；四是要适当考虑行政管理的公平和方便。与此同时，外派人员的一些个人目标也需要通过公司的薪酬政策的实施得以实现。这些个人目标包括：获得在国外的福利、社会保险和生活费用等增加收入以满足职业生涯发展和回国安排等方面的需要。

（二）国际化人力资源的多元化报酬体系

国际化人力资源需要多种不同的报酬体系，要为所在国的员工、母国派出的员工和第三国的员工开发出三种不同的薪酬制度。这方面的关键问题在于薪酬外部公平性问题和薪酬激励问题。由于在不同国家物价水平存在差别，外派员工的生活费用也会有所差别。在整个组织范围内需要有统一的与工作性质相适应的基本工资，然后根据员工所在国家和地区的具体情况利用各种专项补贴来实现员工薪酬的公平性。此外，与国内员工相比，外派员工的薪酬公平性在实现上会涉及特殊的国别差异问题。解决这一问题的方法是使员工在国际化中的购买力平等化，即外派员工的薪酬水平应该至少使他们在所在国与在本国，获得相同的住房条件、商品和服务水平以及储蓄水平。

（三）外派人员的薪酬体系

外派员工薪酬主要包括基本薪酬、税务补偿、奖金、出国服务奖励或艰苦条件补贴、津贴和福利等。

1. 基本薪酬

确定外派员工的基本薪酬有两种方式：一种是采用本国标准，即依据员工来源国同类职务的薪金水平来制定薪酬。由于他们的国籍不同而存在差别，这种方式容易产生不公平的问题。另一种是依据本公司系统内各级职务的薪金水平，同级同酬。这种做法较好地实现了公平公正，但如果本国经济发展水平与跨国公司活动的差距较大时，又带来了与当地工资水平相差悬殊的矛盾，因此需要靠奖金和津贴等补充形式做适当的调整。

2. 税务补偿

外派员工会面临双重纳税的问题。一方面，员工在收入发生地交纳个人所得税；另一方面，员工在本国依然要履行纳税义务。比如，美国要求其公民对在其他国家所得收入进行纳税，即使他在该国已经纳税。雇主负责向本国或所在国支付个人所得税，数额从员工税前收入中扣除。由于不同的国家存在不同的税收标准，这也会带来不公平的问题。对双重纳税的问题，雇主可以通过税务补贴来解决。

3. 奖金

外派员工获得的奖金通常有两种：一种是与业绩相关的奖金；另一种是不与业绩相关、只与底薪有关的奖金。奖金包括海外工作奖金、满期工作奖金等类别。

4. 出国服务奖励或艰苦条件补贴

出国员工通常会收到一份奖金作为接受出国派遣的奖励，或作为对在派遣过程中所遇到的艰苦条件的补贴。出国服务奖励一般为基本工资的 5%～40%，根据任职、实际艰苦情况以及派遣时间的长短而不同。

5. 津贴

津贴是对员工在海外工作支付的补助，通常包括以下项目：住房津贴、生活费用津贴、探亲补贴、子女教育津贴、搬家费、特权享受津贴和配偶补助等。

6. 福利

与货币形式的薪酬相比，国际福利更加复杂，需要解决更多问题。各国的福利管理实务之间存在很大的差异，使养老金计划、医药费和社会保险费等的转移变得很难。此外，一些适用于国际化人力资源的特殊福利值得关注。例如，许多跨国公司提供休假和特殊假期，作为驻外人员定期休假的一部分；每年的探亲福利中通常包括家庭成员回国的机票费，也包括为驻外人员的家属提供免费的机票去工作所在国附近的疗养地疗养。除疗养福利外，还有在艰苦地区工作的人员应获得额外的休假费用和疗养假期。

参考文献

［1］李佳明，钟鸣. 21 世纪人力资源管理转型升级与实践创新研究［M］. 太原：山西经济出版社，2021.

［2］汤秀丽. 新时代人力资源管理理论创新与实践研究［M］. 北京：中国水利水电出版社，2019.

［3］甘志华. 现代企业人力资源管理理论与实践创新研究［M］. 北京：中国时代经济出版社，2014.

［4］汪昕宇. 人力资源管理理论创新与实践［M］. 北京：中央民族大学出版社，2018.

［5］周艳丽，谢启，丁功慈. 企业管理与人力资源战略研究［M］. 长春：吉林人民出版社，2019.

［6］王莹，李蕊，温毓敏. 企业财务管理与现代人力资源服务［M］. 长春：吉林出版集团股份有限公司，2022.

［7］刘俊宏，刘慧玲，叶梁俊. 人力资源管理［M］. 成都：西南财经大学出版社，2022.

［8］李贺，王俊峰. 人力资源管理第 3 版［M］. 上海：上海财经大学出版社，2022.

［9］范围，白永亮. 人力资源管理理论与实务［M］. 北京：首都经济贸易大学出版社，2022.

［10］郎虎，王晓燕，吕佳. 人力资源管理探索与实践［M］. 长春：吉林人民出版社，2021.

［11］彭剑锋. 人力资源管理概论第 3 版［M］. 上海：复旦大学出版社，2021.

［12］金艳青. 人力资源管理与服务研究［M］. 长春：吉林人民出版社，2021.

［13］孙鹏红，王晖. 现代人力资源管理优化研究［M］. 长春：吉林人民出版社，2021.

［14］宋岩，彭春凤，臧义升. 人力资源管理［M］. 武汉：华中师范大学出版社，2020.

［15］诸葛剑平. 人力资源管理［M］. 杭州：浙江工商大学出版社，2020.

［16］闫志宏，朱壮文，李贵鹏. 人力资源管理与企业建设［M］. 长春：吉林科学技术出版社，2020.

［17］黄建春. 人力资源管理概论［M］. 重庆：重庆大学出版社，2020.

［18］尹秀美. 人力资源管理新模式［M］. 北京：中国铁道出版社，2020.

［19］傅航. 基于创新视角下人力资源管理的多维探索［M］. 北京：北京工业大学出版社，2020.

［20］温晶媛，李娟，周苑. 人力资源管理及企业创新研究［M］. 长春：吉林人民出版社，2020.

［21］许云萍. 现代人力资源管理与信息化建设［M］. 长春：吉林科学技术出版社，2020.

［22］张景亮. 新时代背景下企业人力资源管理研究［M］. 长春：吉林科学技术出版社，2020.

［23］曹科岩. 人力资源管理［M］. 北京：商务印书馆，2019. 06.

［24］陈锡萍，梁建业，吴昭贤. 人力资源管理实务［M］. 北京：中国商务出版社，2019.

［25］徐艳辉，全毅文，田芳. 商业环境与人力资源管理［M］. 长春：吉林大学出版社，2019.

［26］陈昭清. 现代企业人力资源管理研究［M］. 北京：中国商务出版社，2019.

［27］王晓艳，刘冰冰，郑园园. 企业人力资源管理理论与实践［M］. 长春：吉林人民出版社，2019.

［28］周颖. 战略视角下的人力资源管理研究［M］. 长春：吉林大学出版社，2019.

［29］刘倬. 人力资源管理［M］. 沈阳：辽宁大学出版社，2018.

［30］欧阳远晃，王子涵，熊晶远. 现代人力资源管理［M］. 长沙：湖南师范大学出版社，2018.

［31］滕玉成，于萍. 公共部门人力资源管理［M］. 上海：复旦大学出版社，2018.